W0325485

IDIOTISCHE IDEALE

Warum Du im Leben gar nichts musst – außer sterben

ANDREAS KA

BANDIT

Inhalt

„Those from whom we have benefited the most aren't those who have tried to help us (say with „advice") but rather those who have actively tried – but eventually failed – to harm us."

Nassim Taleb

Einleitung

„Sie müssen im Leben rein gar nichts – außer sterben“, sagte der Zürcher Psychotherapeut Sascha Büchel während einer Therapiestunde im Jahr 2010 zu mir.

Wirklich?, sagte ich.

Daraufhin nahm er einen gelben Post-it-Zettel, kritzelte etwas mit einem Bleistift darauf und gab ihn mir:

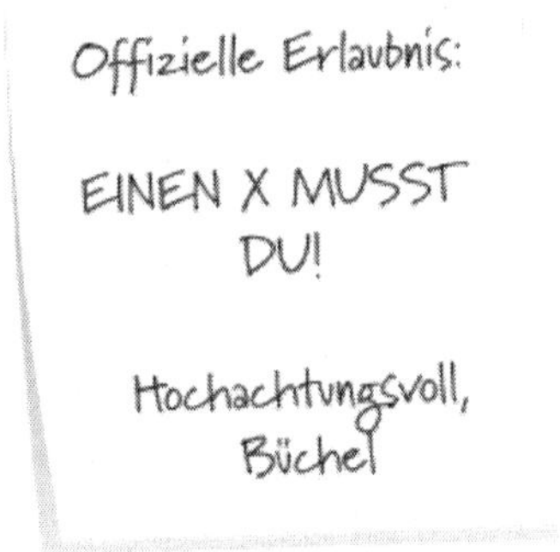

Bis zu diesem Zeitpunkt hatte ich immer geglaubt, sehr viel zu müssen, unter anderem:

1. bei allen Leuten beliebt sein,
2. immer und zu jedem nett sein,
3. Karriere machen,
4. meine Bedürfnisse zurückstellen,
5. bei Frauen gut ankommen,
6. perfekt aussehen und
7. vieles, vieles mehr.

Wie ein Tarzan hangelte ich mich von einem Tag zum anderen und vegetierte eher dahin, als dass ich lebte. Mein Alltag bestand aus:

1. schlaflosen Nächten,
2. Unruhe,
3. Stress,
4. Rastlosigkeit,
5. überspieltem und unterdrücktem Kummer.

Bis ich entschied, so nicht mehr weitermachen zu wollen. Je mehr Dinge ich in meinem Leben identifizierte, die ich nicht mehr musste – und somit fortan weglassen konnte –, desto **besser, leichter und glücklicher** fühlte ich mich.

Dazu musste ich mich allerdings von vielen Menschen, Gedanken, Überzeugungen, (vermeintlichen) Wahrheiten, Illusionen und Dingen trennen. Nach zweieinhalb Jahren von Trott und Leid war mein Leben dafür jedoch zum ersten Mal spannend und aufregend.

Manchmal brauchen wir die symbolische Erlaubnis eines uns positiv gestimmten Menschen, einen X zu müssen. Diese Erlaubnis möchte ich im vorliegenden Buch an dich weitergeben.

Ich wünsche mir, dass du dich, deine **Bedürfnisse** und deine **Gefühle ernster nimmst** und dich traust, auf dein eigenes emotionales Navigationssystem zu vertrauen, anstatt dich an den gesellschaftlich gängigen Idealen zu richten, welche dir dein ganzes Leben lang eingetrichtert wurden.

Damit du in einer Welt der Kopien ein Original bist und dir erlaubst, dein eigenes Ding zu machen. Damit du realisierst, dass sich die imaginären Mauern und Zäune in deinem Kopf schlussendlich nur einfache Kreidestriche auf dem Asphalt und keine unüberschreitbaren Barrieren sind.

Deinen eigenen und einzigartigen Weg zu gehen kann Angst machen und dich unter Umständen in eine Krise stürzen. Niemand leidet gerne. Doch dein Charakter entwickelt sich nicht bei Sommer, Sonne, Sonnenschein, sondern während der Unwetter und Stürme des Lebens.

Mein Buch soll dir dabei helfen, deine imaginären Kreidestriche zu identifizieren und dich vielleicht dazu zu entscheiden, sie mutig zu überschreiten.

Wenn sich dein innerer (oder externer) Kritiker das

nächste Mal bei dir meldet und dir deine Träume, Wünsche und Bedürfnisse klein reden will, dann wünsche ich mir, dass du an dieses Buch zurückdenkst und leise oder laut zu dir sagst:

„Ich muss gar nichts, außer sterben“

Prolog

In diesem Buch geht es darum, die Deutungshoheit über deine eigenen Werte, Bedürfnisse, Ziele, Wünsche und Träume zurückzuerobern und dich nicht von den Plänen anderer ablenken zu lassen, die oft *nicht* dein Bestes im Sinn haben.

Es geht nicht darum, sich von allem im Leben loszusagen, die Menschheit doof zu finden und allein und verbittert im Wald zu leben. Es geht auch nicht darum, *es den anderen mal so richtig zu zeigen*.

Es geht darum, (endlich) selbst das Steuer deines Schiffes zu übernehmen und dich nicht mehr von überholten Glaubenssätzen oder gesellschaftlichen Konventionen lenken zu lassen.

Beziehung mit Dir Selbst und Anderen

EINS

Negative Leute

Ich hielt nie besonders viel von einem gewissen „Freund“ aus Wien – doch solange unsere Kontaktpunkte nicht über das abendliche Anstoßen mit Wein in geselliger Runde hinausgingen, gab es keinen Grund, ihn aktiv zu meiden.

Bis er mich für eines seiner Business-Projekte beauftragen wollte: Ich sollte für seine Webseite Texte schreiben und nannte ihm für die Dienstleistung einen fairen und freundschaftlichen Preis.

Er sagte mir, dass er eher nichts bzw. verschwindend wenig zahlen möchte. Unter anderem, da ich bei ihm – er war ca. fünf Jahre jünger als ich – viel Erfahrung sammeln konnte.

Eine Woche zuvor hatte er mir noch in einer Bar davon erzählt, wie ökonomisch interessant es doch nicht wäre, Praktikanten auszubeuten.

Die arbeiten sogar Überstunden! Für nichts. Das solltest du dir auch überlegen!

Im Grunde wusste ich immer schon, dass dieser „Kollege“ moralisch nicht mehr als ein hyperinflationierter Simbabwe-Dollar wert war. Doch ich musste seine negativen Charakterzüge erst am eigenen Leib erfahren, um die Verbindung zu diesem zweibeinigen Kriechwesen ein für alle Mal zu kappen.

Es ist eine Illusion zu denken, dass man bei gewissen Leuten eine Sonderstellung hat und diese – obwohl sie es bei anderen tun – dich im Zweifelsfalle nicht kreuzen oder verarschen würden. Es ist immer nur eine Frage der Zeit und der Umstände, bis du einmal dran bist. Garantiert.

Eine Freundschaft, die endet, war nie eine

Wenn ich früher den Eindruck hatte, dass ich den Kontakt zu einem „Freund“ besser beenden sollte, überkam mich ein Gefühl von Angst. Mein innerer Kritiker überflutete mich mit Selbstvorwürfen: *Was, wenn sich dann alle anderen Freunde von dir abwenden? Was, wenn du plötzlich ganz allein bist? Was, wenn du dich irrst?*

Vielleicht ist es jedoch ganz gesund und mutig, ab und an seine Boote hinter sich zu verbrennen und zu riskieren, dass man (für eine Zeit lang) allein sein könnte.

Und je konsequenter und selbstbewusster du zu leben beginnst, desto mehr Freundschaften werden enden oder sich langsam über Tage, Wochen und Monate ausschleichen.

Menschen umgeben sich in der Regel mit Leuten, die ihnen ähnlich sind. Gegenseitig bestätigen sie sich in ihrer Weltsicht und Realität. Doch sobald sich einer von ihnen ändert, passen die Bauteile nicht mehr aufeinander. Dann reicht mitunter ein einfaches „Nein“, um eine langjährige Freundschaft ins Gegenteil zu verkehren. Zum Beispiel wie bei mir und meinem „Ex-Kumpel“ Thilo Z.:

> Thilo lud mich zu seiner Geburtstagsparty bei ihm zu Hause ein. Wir waren beide um die 24 Jahre alt und seit knapp 10 Jahren befreundet. In unseren Teenagerjahren hatten wir viel Zeit damit verbracht, uns mit unseren Motorrollern gegenseitig auf deutschen Bundesstraßen zu jagen.
>
> Nachdem die Feier gegen Mitternacht langsam ihr Leben aushauchte, entschieden wir uns, noch in eine Bar zu gehen. Thilo versuchte vergebens, seine Nachbarin, eine vollbusige Blondine mit breitem Lächeln, davon zu überzeugen, mit uns zu kommen. Selbst nach mehrmaligem Fragen und schier endlosem betrunkenen Diskutieren blieb sie bei ihrer Antwort: „Nein.“
>
> Ich war der Fahrer an diesem Abend.
>
> Nach knapp fünfzehn Minuten parkte ich mein Auto vor der Zieldestination. Thilos Handy klingelte.
>
> „Holt mich jetzt doch ab“, sagte die Blondine am anderen Ende der Leitung.
>
> „Andi, wir fahren zurück und holen sie ab.“, sagte Thilo.
>
> „Nein, machen wir nicht“, sagte ich.

Seitdem habe ich ihn nie wieder gesehen oder getroffen. Er war wohl gewohnt, dass er die Ansagen machte und ich das stille Fähnchen im Wind war. Doch ich hatte mich verändert und sagte nicht mehr zu allem Ja und Amen.

Der Freundschaftsbund war so fragil, dass es nur ein einmaliges Nein brauchte, um aus einer 1 eine 0 zu machen. Es war besser, dass die Freundschaft endete. Ein Baum, der keinem Wind standhält, der sollte lieber heute als morgen umknicken und den Weg für neue, stärkere Hölzer freimachen. Alles andere ist Zeitverschwendung.

Viele Leute wollen nicht dein Bestes

Wehe dem, der es wagt, sein Leben zu ändern und erfolgreicher oder freier als die anderen zu sein!

Die meisten Leute freuen sich nicht, wenn du deinen persönlichen Wirkungskreis ausdehnst und freier und mächtiger wirst.

Unter anderem, weil sie dann sehen, dass sie selbst (deutlich) hinter ihren Möglichkeiten zurückbleiben. Ihnen wird ihre Angsthaserei und die falschen Geschichten, die sie sich jahrelang selbst erzählt haben, bewusst. Dies zu realisieren ist alles andere als angenehm. Es schmerzt.

Deshalb entscheiden sich 99 Prozent der Leute für den einfachsten und psychisch bequemsten Weg: Sie reden dir deine Pläne klein, versuchen, dich zu verunsichern, und legen dir nicht selten aktiv Steine in den Weg.

Ich hätte mir nie vorstellen können, wie lächerlich und

primitiv manche Menschen sind und musste es erst am eigenen Leib erfahren.

Leute, die sich nie besonders um mich scherten (z. B. mein Vater), entwickelten plötzlich ungekannte Energien und redeten energisch auf mich ein, „es doch zu lassen“ und vernünftig zu sein, als ich plante, mich selbstständig zu machen.

Sie wollten mir „helfen“ und „doch nur mein Bestes“. Um mich, meine Wünsche und mein persönliches Wohlbefinden ging es dabei jedoch leider nicht - sie wollten nur ihre bisherige Weltsicht aufrecht erhalten und fühlten sich von meiner Entscheidung bedroht.

Ich lernte:

- Stelle dich auf wenig Gegenliebe ein, wenn du deine wie auch immer geartete Heldenreise beginnst. Die ersten Meter sind die härtesten. Sobald du ein wenig an Momentum gewinnst und neue Mitstreiter gefunden hast, wird es einfacher.
- Suche dir Menschen, die selbst schon Risiken eingegangen sind und Mut bewiesen haben: sie sind die besten Vorbilder und Motivatoren. Ein Warren Buffet wird dich, wenn du ihm von deiner Ambition erzählst, nicht neidisch beäugen und versuchen, dich kleinzuhalten. Er wird dich ermutigen, noch mehr Gas zu geben und sinnvolle Risiken einzugehen. Deine Aufgabe ist es, dich mit solchen Leuten zu umgeben.

Ene, mene, muh und ...

„Wir sind der Durchschnitt der fünf Leute, mit denen wir die meiste Zeit verbringen“, sagte Jim Rohn. Du fühlst, dass bestimmte Leute nicht dein Bestes im Sinn haben oder dir gar schaden? Dann solltest du dir überlegen, ob du sie nicht wie ein Schiedsrichter von deinem Spielfeld verweist.

Wir alle haben von Natur aus eigentlich sehr gute emotionale GPS-Systeme verbaut und wissen, was und wer für uns gut ist. Manchmal braucht es jedoch eine Weile, bis diese Fähigkeit – nach Jahren der Inaktivität – wieder voll verfügbar ist.

Im Zweifel solltest du dich von Menschen trennen, die ...

1. dich dazu bringen, dich schuldig zu fühlen,
2. dich aggressiv machen,
3. dich belügen,
4. dir Energie rauben.

Beobachte genau, welche Gefühle in dir aufsteigen, wenn du für dich selbst einstehst und harte Entscheidungen triffst. Ich fühlte nicht selten Angst und Scham, wenn ich es tat. Diese Gefühle haben in der Regel nichts mit dem aktuellen Status Quo, sondern mit deiner Kindheit zu tun:

Wenn du drei Kilo wiegst, nicht laufen kannst und für dein Überleben von zwei neurotischen Dreißigjährigen abhängig bist, dann brennt der Berg, wenn du von diesen Bezugspersonen im Stich gelassen wirst.

Manch 40-jähriger, 1,90 Meter große und 120 Kilo schwere Zeitgenosse verhält sich aus diesem Grunde selbst als Erwachsener noch wie eine kleine und unausgebildete Kaulquappe.

Sie haben emotional noch nicht begriffen, dass sie keine hilflosen Babys mehr, sondern reife, erwachsene Menschen sind und durchaus alleine klarkommen können.

Radikale Ehrlichkeit - der Stresstest für deine Beziehungen

Nur wenn eine Brücke eine gute Portion an Belastung aushält, ist sie auch eine gute Brücke. Identisch verhält es sich mit Freundschaften und Beziehungen jeglicher Art.

Man sollte radikal ehrlich zu sich sein und sich gegenseitig etwas zumuten. Nur wenn eine Beziehung unter dieser gesunden Belastung nicht bricht und trotz des Stresstests weiterhin Bestand hat, dann ist sie gut und belastbar.

Das Problem – speziell bei romantischen Interaktionen – besteht oft darin, dass die Brücke aus Angst und Harmoniesucht heraus oft nur wenig belastet wird. Ein paar Fahrräder kompensiert selbst der morscheste Steg. Doch es ist nur eine Frage der Zeit, bis das Leben dir 40-Tonner sendet, welche das Fundament deiner Beziehungen bis in die letzte Faser testen. Du kannst folgendes tun, um Beziehungen zu testen und ehrlicher zu sein:

- Jemand kommt schon zum zweiten Mal zu spät?
  Es stört dich? Spreche es offen an und schau, was passiert.

- Du hast das Gefühl, dass etwas nicht stimmt? Dich ärgert etwas an einer anderen Person? Sprich es aus, lass es an der Luft der wahren Worte oxidieren und beobachte, was sich ergibt. Wenn die ein oder andere Beziehung dann endet, okay. Ciao, tschüss und good bye!

Auf diese Weise bekommst du schnell Feedback und kannst dich den Menschen widmen, bei denen deine Zeit und Mühe sinnvoll aufgehoben ist.

Deine Bedürfnisse zählen

Der New Yorker Beziehungscoach Paul Janka toleriert kein schlechtes Verhalten von Frauen (oder Männern). Spricht er beispielsweise eine Frau in einer Bar an und sie verhält sich ihm gegenüber arrogant oder unverschämt, dann läuft er sofort – ohne Kommentar oder Entschuldigung – aus dem Gespräch heraus. Seine Lebenszeit ist ihm zu wertvoll, als dass er sie mit negativ geladenen Menschen verbringen möchte.

Der Teufel wird durch gutes Zureden auch nicht zum Jesus. Alles, was du bei solchen Menschen tun kannst, ist Folgendes:

1. Ignoriere sie so weit möglich.
2. Denke nicht über sie nach.
3. Versuche nicht, sie zu verändern, ihnen zu helfen oder Ratschläge zu geben.
4. Rede nicht mit anderen über sie.

Du bestimmst, wen du in deine kleine Welt hineinlässt und wen nicht. Du darfst gut für dich sorgen und darauf schauen, dass es dir gut geht. Von deinem Leid profitiert weder die Welt noch du.

Die Revolution startet bei dir selbst, indem du dich selbst nicht mehr länger belügst und deine Bedürfnisse ernst nimmst. Dies ist die Voraussetzung, um anderen Menschen deine Wahrheit mitzuteilen und nicht mehr im Theaterspiel der Lügen und Masken mitzumachen, welches die meisten Menschen spielen.

Dein Leben wird dadurch (für eine Weile) vielleicht erst einmal etwas mühsamer. Du wirst Gegenwind von Menschen bekommen, die deiner Entscheidung und Denkweise nicht positiv gegenüber eingestellt sind. Doch es lohnt sich, immer wieder den heroischen Akt zu wagen, deine wie auch immer gelagerte Wahrheit und Realität auszusprechen.

PS: Die Sache mit den negativen Menschen um einen herum kann auch nach hinten losgehen. Nämlich dann, wenn immer und überall alle anderen Menschen negativ und doof sind - außer dir. Vielleicht bist du der griesgrämige Typ, der das Tageslicht eintrübt wenn man dir begegnet. Sollte dies der Fall sein, dann hast du vielleicht eine große Lebensaufgabe zu meistern und solltest dich mit dir und deinen Charaktereigenschaften intensiv auseinandersetzen.

Dies tut weh. Denn jeder möchte gerne seine Schokoladenseite sehen und in dieser bestätigt werden. Wenn du dich in diese graue Gasse deiner Psyche wagst und diese souverän und mutig durchschreitest, dann bist du 10x mehr wert als jemand, der durch eine glückliche Fügung schon immer positiv durch die Welt geschritten ist.

ZWEI

Glücklich sein

DIE SONNE SCHEINT, es herrscht Vollbeschäftigung und bald ist wieder Weltmeisterschaft. Wie kommst du da bloß auf die Idee, *nicht* rundum happy zu sein?

Wenn du nicht glücklich bist, dann stimmt etwas nicht mit dir. Dann bist du ein Versager, so der Tenor. Warum ist das so? Warum reagieren andere Menschen so stark auf negative Emotionen von anderen?

Erstens, weil wir alle mit Gehirnfunktionen ausgestattet sind, die uns fühlen lassen, was andere fühlen: mittels Spiegelneuronen. Dies bedeutet: du bist mies drauf = ich kann es fühlen und bin dann auch mies drauf. Das ist eine recht ungerechte Dynamik, denn die Menschen, die bereits schon leiden und schlecht drauf sind werden quasi als Kirsche auf dem Kuchen ihrer Verzweiflung auch noch von anderen gemieden wie ein Fußballer, der im WM-Finale durch ein Eigentor den Sieg der eigenen Mannschaft verspielt hat.

Zweitens, weil uns das Unglück von anderen an unsere eigenen Schmerzen und Trübsale erinnert, die wir viel zu oft in die dunklen Kammern unserer Psyche verbannt haben. Es ist einfacher, die eigenen Leiden wegzudrücken – bevorzugt mittels exzessiven Saufens, Vögelns oder Sport.

Auf Nachfrage ist bei solchen Menschen stets alles im grünen Bereich. Auf ein „Wie gehts dir?" antworten sie wie Roboter in Nanosekunden und ohne Denkschleife mit: „Bei mir alles super! Muss halt!"

Doch man muss nur einmal in die Gesichter der Leute schauen und deren Worte ignorieren, um zu realisieren, was wirklich in ihnen vorgeht. Sie sind müde, angespannt und aus ihren Gesichtern liest sich Stress, Unmut, Ärger. Leid und Kummer.

Traurigkeit hat einen Sinn

Die Fähigkeit, Schmerz zu fühlen, muss einen Sinn haben. Sonst wäre dieser Ast der Evolution schon vor Millionen von Jahren vom Baum des Menschen morsch abgefallen. Es macht Sinn, dass im Cockpit deines Körpers ein Warnsignal zu blinken beginnt, wenn deine Hand eine heiße Herdplatte berührt. Es macht Sinn, dass dir dein Körper ein verschlüsseltes Telegramm sendet, wenn du zu sehr gegen deine Natur, Gefühle, Bedürfnisse und deine eigene Wahrheit lebst.

Menschen, die (noch) fühlen, dass es ihnen nicht gut geht, und Symptome zeigen, sind die eigentlich Gesunden. Die ***normalen***, anderen, sind emotional schon so taub, dass sie oft überhaupt ***keinen Konflikt mehr spüren***.

Es kann nicht immer nur Sommer sein. Auch der Winter hat seine Daseinsberechtigung – dies ist völlig normal und okay. Traurigkeit in Maßen kann möglicherweise sogar etwas Gutes und Notwendiges sein. Wohin man im Leben schaut, vieles deutet auf ein gesundes Gleichgewicht hin:

- Paris ist nur die Stadt der Liebe, weil sie gleichzeitig auch die Stadt der Traurigkeit ist.
- Wer viel gegessen hat, der sollte eine Zeit lang fasten.
- Der Psychotherapeut Carl Gustav Jung ging sogar so weit, zu sagen, dass die Depression „ein Geschenk“ sei: eine Einladung der Natur an einen Menschen, sein Leben zu ändern.

Die Glückslüge

Hollywood lehrte uns bereits in Kinderjahren das fragwürdige Mantra des permanenten Happy-Seins. Vielleicht ist es jedoch realistischer, anzunehmen, dass Glück – wie die Ebbe und die Flut – mal kommt und dann wieder geht. Manchmal muss man eine Zeit lang traurig sein, um das Glück wieder in die Arme nehmen zu dürfen.

Und zwischen den Zuständen ist es mitunter erforderlich, dass wir auf die Zähne beißen und den aktuellen Gefühlszustand aushalten, anstatt diesen mit Rauschmitteln oder Impulshandlungen zu betäuben. Viele Menschen - wie z. B. mein Vater - suchen sich lieber schnelle Erleichterung durch in Flaschen abgefüllte Giftstoffe, als dass sie ihre

Probleme und Lebensfragen ehrenhaft lösen. So ist die Welt, so sind die Menschen nunmal.

Es könnte für dich an der Zeit sein, die Maske der erzwungenen Glücklichkeit an den Nagel zu hängen und den Mut zu finden, ehrlich und tagesaktuell zu kommunizieren, wer du bist und wie du dich fühlst. So wirst du wie magisch Leute anziehen und womöglich mehr Mitstreiter finden, als du dir vorstellen kannst. Menschen, die von deinem Mut, so zu sein wie du gerade bist und wie du dich gerade fühlst - inspiriert sind.

DREI

Unglücklich sein

ICH WACHTE NICHT eines Tages auf und hatte die Idee, mein Leben zu ändern. Ich musste auf die Schnauze fliegen, bevor ich mich aufmachte, mein emotionales und mentales Haus endlich in Ordnung zu bringen. Mir musste es erst ganz schlecht gehen, damit ich etwas unternahm.

Ich war 24, studierte an einer Wirtschaftsuniversität in Paris und war drauf und dran mein Studium zu beenden, und einen hoch dotierten Job bei einer Bank oder Unternehmensberatung zu finden. Doch gerade dann, auf dem vermeintlichen Zenith meiner Entwicklung und Ausbildung, spürte ich, dass ein persönlicher Paradigmenwechsel vor der Türe stand.

Ich schlitterte schnurstracks in eine Depression. Wo vorher Energie war, da lag ich nur noch im Bett und alles, was ich zu tun im Stande war, war Filme anzusehen und mich mit Pizza und Süßigkeiten vollzustopfen.

Mein bisheriges Lebenssystem und Glaubenssätze hatten

ausgedient. Neue emotionale Kleider mussten her. Doch für den Moment – ein sehr langer Moment, der viele Jahre dauern sollte – stand ich erst einmal nackt da.

Ich hatte das Gefühl, dass ich es alleine nicht schaffte, diesen neuen und unbekannten und mühevollen Weg zu beschreiten.

Ich brauchte jemanden, der mir dabei half, meine Gedanken zu ordnen. Jemanden, der keine persönliche Bindung zu mir hatte und gerade deshalb sehr objektiv sein konnte: einen Psychotherapeuten.

Wenn du üblicherweise Geld für etwas ausgibst, dann bekommt du etwas als direkte Gegenleistung dafür zurück. Beim Therapeuten zahlst du jedoch mitunter viel Geld dafür, dass dir – zumindest anfangs – sehr viel weggenommen wird. Nämlich deine Überzeugungen, dein Selbstbild, deine Glaubenssätze und deine Illusionen über dich selbst und die Welt. Menschen lieben ihre Illusionen und verteidigen sie nicht selten wie wilde Tiere, auch wenn diese ihnen eher schaden, als dass sie sie voran bringen im Leben.

Ich brauchte viele lange Jahre – knapp ein Jahrzehnt – bis ich meinen Kopf emotional wieder sicher über Wasser hatte und zum ersten Mal tief und entspannt ohne den Terror der Depression und der schlechten Gefühle einatmen konnte. Es war ein ganz brutaler Weg – da helfen auch keine geistreichen Zitate à la „was dich nicht umbringt, macht dich stärker“.

Nicht nur einmal dachte ich daran, auf dem Weg stehenzubleiben, mir den Stecker zu ziehen und mich vor meiner

Lebensaufgabe zu drücken. „Keep on swimming“, sagte ein guter Freund zu mir während dieser Phase regelmäßig. Und daran habe ich mich gehalten.

Nach dieser für mein Ego mehr als demütigenden Erfahrung fühlte ich mich nicht mehr wie der große Held, der alles weiß und alles kann. Zu meinem großen Glück musste ich auch kein Held mehr sein. Aus einem nervösen Wrack wurde ein relativ realistischer, gelassener, angenehmer junger Mann, der trotz aller fortwährenden Tragik des Lebens nun eine ganze Schippe glücklicher und zufriedener ist.

Dies möchte ich dir mittels diesem Kapitel kommunizieren: es gibt Momente, da solltest du dir professionelle Hilfe suchen.

Viele Menschen wollen nicht glücklich sein

Tief drinnen war ich insgeheim davon überzeugt, dass ich mich nicht unbeschwert und glücklich fühlen darf. Positive Hirnfrequenzen machten mir Angst. Vielleicht, weil meine Mutter emotional nicht alle Latten am Zaun hatte, als sie mich aufzog. Doch wie es dazu kam ist gar nicht mehr so wichtig in dem Moment. Wenn dir jemand das Bein stellt, du hinfällst und dir das Bein brichst, dann kannst du das Geschehene auch nicht wieder zurückdrehen. Dann solltest du dir konstruktive Fragen stellen: was werde ich jetzt tun? Wie heile ich? Wie komme ich aus dieser Situation so schnell und gut wie möglich wieder heraus?

Wer will, der findet mehr als genug Gründe in dieser Welt, schlecht drauf zu sein. Wenn du unbewusst denkst, dass andere Leute dich nicht mögen, dann wirst du mit der Zeit immer neue Beweise für deine These in der Welt finden. Die vielen Menschen, die dich mögen und dir gegenüber positiv gestimmt sind, die ignorierst du vielleicht.

Ein Hammer sieht überall nur Nägel.

Die nächste Krise oder Katastrophe kommt bestimmt, wenn du nur lange genug darauf wartest. Ich jedenfalls, bin ein Meister darin, stets einen fiesen Gedanken zu finden, der mir in Sekundenschnelle den Tag vergiften kann:

Zum Beispiel:

1. Ich bin zu fett.
2. Ich habe nicht genug Geld.
3. Ich bin nicht groß genug.
4. Ich sehe müde aus.
5. Ich bin nicht interessant genug.
6. Ich habe einen Fehler gemacht – irgendwo, irgendwann.
7. Ich habe Schuld auf mich geladen.
8. usw. usf.

Alfred Adler, ein Rockstar der Wiener Psychoanalyse, vertrat den Standpunkt, dass wir uns als Kinder um das achte Lebensjahr herum einen gewissen Blick auf das Leben aussuchen und dass Trauma im Grunde nicht existiert. Andere Experten argumentieren, dass viele Menschen in ihrer Kindheit keine sichere Bindung zu ihren Eltern aufbauen konnten und deshalb in einer bunten Welt immer nur das Graue sehen. Wieder andere sind der Meinung, dass die Gene schuld sind.

Doch im Endeffekt geht es um das Hier und Jetzt. Und wie du in diesem Moment mit deinem Leben und deinen Emotionen fertig wirst – und wie du die Karten im Poker deines Lebens gut spielst.

Viele Menschen kommen komischerweise nur schlecht mit positiven Gefühlen klar. Wenn alles rund und harmonisch läuft, dann fehlt paradoxerweise oft der Lebenssinn- und Impuls.

Manchmal gehört eine große Portion Mut dazu, sich gut und glücklich zu fühlen. „Unsere größte Angst ist nicht, unzulänglich zu sein ... unsere größte Angst ist, grenzenlos mächtig zu sein“, sagte Marianne Williamson.

Glück ist (d)eine Entscheidung

Es gibt schwerreiche und gut aussehende Menschen, die sich schlecht fühlen und intensiv über Suizid nachdenken. Dann wiederum gibt es von Kopf bis Fuß Gelähmte, die vor Lebenslust nur so strotzen und jeden neuen Tag mit Freude in sich aufsaugen.

Dein Mindset zählt. Und glücklicherweise kannst du dieses verändern und beeinflussen. Dies geschieht jedoch nicht über Nacht. Manchmal sind uns Dinge schon lange bewusst, die uns emotional immer noch negativ beeinflussen. Ich wusste schon lange, dass ich nicht unglücklich sein und mich nicht schuldig fühlen musste. Doch der Tropfen braucht manchmal mehrere Wochen, Monate oder gar Jahre bis er von der Erdoberfläche bis in dein emotionales Grundwasser durchgesickert ist. Doch irgendwann erreicht er sein Ziel.

Dein Leben lang unglücklich sein? Passiv nur die Grautöne sehen, anstatt selbst aktiv zu werden und Verantwortung für dich, deine Gedanken und dein Leben zu übernehmen?

VIER

Sich schuldig fühlen

Bereits ein gerade dem Mutterleib entsprungenes Baby ist laut der ältesten internationalen Organisation für schwule Männer – der katholischen Kirche – serienmäßig mit dem Erbsünde-Paket ausgestattet. Dem Äquivalent eines neu eröffneten Girokontos mit negativem Anfangssaldo.

Kleine und große Erdenmenschen kann man am effektivsten kontrollieren, indem man ihnen von Kindheit an Schuldgefühle eintrichtert und sie dazu verdonnert, während ihrer besten Jahre still auf einem Stuhl zu sitzen und unsinnige Fakten auswendig zu lernen.

Alles, was es dazu braucht, ist eine Generation der Indoktrination, und *schwupps* machen alle, was sie tun sollen. Umgekehrt braucht es auch nur eine Generation an

Menschen, die gesund aufwächst, und die Welt sähe völlig anders aus.

Sigmund Freud erkannte, dass besonders viele Kriminelle unter starken Schuldgefühlen leiden. Interessant ist, dass die Schuldgefühle schon existierten, bevor sie sich etwas zu Schulden haben kommen lassen.

Damit die Emotionen gerechtfertigt waren, wurden sie paradoxerweise oft wirklich zu Gaunern. So war ihr emotionaler Haushalt wenigstens stimmig und richtig gepolt.

Was ist dann Henne, was ist Ei?

FÜNF

Small Talk

Früher war keine Weihnachtsfeier, Party oder Vernissage vor mir sicher: Überall versuchte ich, durch den perfekten Small Talk zu glänzen und Menschen – insbesondere das langhaarige Geschlecht – dazu zu bewegen, mich zu mögen.

Auf viele Gespräche hatte ich keine Lust. Doch wer seinen emotionalen Diesel nicht selbst produziert, der ist gut damit beraten, eine Tankstelle aufzusuchen.

Deine Bedürfnisse zählen

Jeder von uns braucht Aufmerksamkeit und möchte akzeptiert, ja vielleicht sogar ein wenig bewundert werden. Manche Leute haben in der Kindheit so wenig von diesem Zaubertrank abbekommen, dass sie mit einem unbändigen und quasi unstillbaren Hunger durch ihr Leben schreiten.

Ich will immer noch, dass Leute mich mögen. Manchmal zu sehr.

Mittlerweile quatsche ich doch eigentlich nur noch, wenn ich wirklich Lust dazu habe, halte also in der Regel meinen Schnabel.

Ich habe für mich akzeptiert, dass ich eine eher introvertierte Natur bin und lieber 1:1 mit mir vertrauten Menschen Zeit verbringe, als dass ich mich in großen Gruppen von Menschen aufhalte.

Wenn ich im Alltag ein mir bekanntes Gesicht auf der Straße erkenne und ich aus irgendeinem Grund keine Lust habe zu smalltalken, dann gönne ich mir den Luxus, nur kurz „hallo“ zu sagen oder die Person komplett zu ignorieren. Ich erlaube mir auch, der Person zu sagen, dass ich - sollte es denn so sein - an diesem Tag nicht besonders gut drauf bin und keine große Lust zum reden habe.

Alles in allem geht es darum, gut zu mir selbst zu sein und mich nach einer Konversation mit einer anderen Person nicht schlechter als vorher zu fühlen.

Wenn meinem Bruder während eines Heimatbesuchs im Süden Deutschlands vertraute Barbarengesichter aus alten Schul- und Teenagerzeiten im Supermarkt begegnen, dann macht er meist seine imaginären Vorhänge zu und läuft weiter.

Die meisten denken wohl, er sei arrogant und unnahbar.

Das mag so sein. Doch im Tausch gegen seine intakte Psychohygiene und Wohlbefinden nimmt er dieses Risiko billigend in Kauf.

Mit Leuten quatschen, auf die du keine Lust hast?

SECHS

Extrovertiert sein

DU FÜHLST dich in großen Gruppen unwohl und musst ab und an allein sein, um wieder zu Kräften zu kommen? Dann stehen die Chancen nicht schlecht, dass du ein eher introvertierter Typ bist (und über einen hohen IQ verfügst).

Das westliche Gesellschaftsideal propagiert den stets kommunikativen und extrovertierten Menschen. Dieser stürzt sich mit Vergnügen in Gespräche und lädt seine Batterien im Getümmel und Gereibe der Masse wieder auf. In Japan ticken die Uhren ein wenig anders. Dort ist es verpönt, zu sehr im Mittelpunkt zu stehen und öffentlich den Zampano zu machen.

Ich bin eher introvertierter Mensch und habe lange gebraucht, bis ich mir dies eingestanden habe. Viel zu oft fühlte ich mich frustriert und unzufrieden, wenn ich spätnachts aus einer Bar oder Disko herausstolperte. Es mag ein trivial klingen, doch es brauchte viel Willenskraft und

Mut, lieber zuhause zu bleiben, als auszugehen und dann frustriert nach Hause zu kommen.

Ich habe eingesehen, dass ich keine großen Menschenansammlungen mag und versuche, mich für meine individuellen Eigenheiten nicht mehr schlecht oder komisch zu fühlen. Seitdem ich nicht mehr auf Hochzeiten gehe, große Menschenansammlungen und Lärm meide und nur mit Leuten zusammenarbeite, mit denen ich gut kann, ist mein Leben viel ruhiger und ausgeglichener. Zuvor habe ich allzu oft mein Bauchgefühl ignoriert.

Wer so lebt und zu vielem „nein" sagt, der macht auf der einen Seite viele Türen zu, öffnet jedoch auch neue. Meine Maxime und Richtschnur ist, dass ich mich gut fühle. Wenn ich deshalb für andere Leute ein „Spießer" oder „Langweiler" gelten sollte, dann ist das eben so. Immer noch besser, als mich zu verstellen und meine Bedürfnisse zu leugnen.

Es braucht Menschen der lauten und der leisen Töne. Ob extrovertiert, introvertiert oder irgendwo dazwischen – du tust dir keinen Gefallen, wenn du von dir verlangst, anders zu sein, als du in deinem innersten Kern bist.

Dich extrovertiert geben, weil dies dem gesellschaftlichen Ideal entspricht? Dich verbiegen, um den Erwartungen deines Umfeldes zu entsprechen?

SIEBEN

Eltern respektieren

WER ALLE SIEBEN Sinne beisammen hat, der respektiert nur Menschen, die sich einem gegenüber korrekt verhalten.

Bei der eigenen Familie scheint diese Lebensweisheit gesellschaftlich wie ausgehebelt: Auch wenn sie dich als Kind sprichwörtlich durch den Fleischwolf gedreht haben – wer seine Familie (öffentlich) kritisiert, ist am Ende selbst der Böse.

„Aber das ist doch deine Familie!“, sagten mir Leute aus meinem Umfeld, wenn ich an Weihnachten nicht nach Hause fuhr. Manchmal gab ich nach und begann mir selbst zu erzählen, dass früher doch alles nicht so schlimm gewesen sei, und buchte einen Flug in die Heimat. Nur um immer wieder aufs Neue herauszufinden, dass ich mich auf mein Bauchgefühl hätte verlassen sollen.

Unser Familiengeheimnis durfte nicht nach außen dringen. Wir waren eine eingeschworene Gemeinschaft und versammelten uns wie die Pferde am Wasser um den Trinker, der uns alles wegsoff. Niemand durfte denken oder aussprechen, dass etwas in unserer Familie schief lief. Meine Mutter hatte ihren eigenen Rucksack voller Probleme aufgeschnallt und flüchtete sich lieber in esoterische Themen, als dass sie Position bezog.

Sobald ich mehr und mehr zu meiner eigenen Wahrheit und Stimme fand, konfrontierte ich meine Eltern mit dem, was sie getan – und nicht getan – hatten. Viel Interaktion außer „Red doch kein Scheiß!" und „Wir alle machen Fehler" – oder gar eine Entschuldigung gab es nicht.

Ich hätte mich sehr über ein spätes „sorry" gefreut, doch das symbolische Bein war bereits gestellt und gebrochen. Jetzt musste es geheilt werden, da halfen auch keine Worte der Versöhnung. Wichtiger war, dass ich mich aufraffte und den Mut fand, mit dem Familiensystem zu brechen, aufrecht meine Position vertrat und meine eigene Wahrheit sprach. Auch wenn ich damit ihre dysfunktionale Idylle störte und sie mich dafür hassten. Auf den symbolischen Akt kam es an.

Können wir unseren Eltern jemals – egal, wie sie uns behandelt haben – gegenüber indifferent sein? Eher nein!

Irgendwie muss man sich mit ihnen arrangieren, so hart und unbefriedigend es oft auch ist. Mancher denkt, er hätte das Problem gelöst, wenn er in eine andere Stadt zieht und den Kontakt zu den Blutsverwandten abbricht. Dies kann in vielen Fällen ein erster wichtiger Schritt sein, doch es reicht bei Weitem nicht aus.

„The girl might get out of the trailer park, but the trailer park will not get out of the girl“, ist ein amerikanisches Sprichwort.

Solange dein Alltag noch durch schlechte Gefühle deinen Eltern gegenüber geprägt ist, so lange bist du noch nicht frei und hast die Geschichte noch nicht positiv abgeschlossen.

Du kannst aus dem Haus deiner Eltern ausziehen, doch sie werden weiter in deinem Kopf bleiben. Du kannst Millionen verdienen, aus Flugzeugen springen oder zum Mond und zurück fliegen - sie bleiben in dir drin. Wenn Liebe nicht möglich ist, dann bringt dir Hass auch keine Freiheit. Wenn Liebe keine Möglichkeit ist, dann bleibt dir nur noch das Ziel der Indifferenz.

Mittlerweile hat sich der Kontakt zu meinen Eltern wieder stabilisiert. Nicht weil ich denke, dies zu müssen, sondern weil ich mich aus freien Stücken dazu entschieden habe. Offene und ehrliche Kommunikation ist immer noch eine Einbahnstraße, doch damit habe ich mich mittlerweile arrangiert.

Vergessen habe ich nichts. Vergeben? Vielleicht. Es kann viel Sinn machen, sich mit seiner Vergangenheit auseinanderzusetzen. Doch die zentrale, konstruktive und nach vorne gerichtete Frage sollte sein: What are you going to do?

Mein Blick ist nach vorne und auf die Dinge gerichtet, die ich aktiv gestalten und beeinflussen kann. Und das ist verdammt viel.

ACHT

Vernünftig sein

„Man muss sich immer, immer anpassen und vernünftig sein im Leben“, sagte mein Großvater zu Lebzeiten. So sei er stets gut durchs Leben gekommen.

„Hätte ich es nicht getan, hätten mich die anderen liegen lassen.“ Mit den „anderen“ meinte er die Soldaten seiner Kompanie in Russland während des Zweiten Weltkriegs. Andere Zeiten, andere Lebenssysteme, andere Umstände, andere Regeln.

Was in einer Epoche gerade vernünftig und en vogue ist, kann einen bereits eine Dekade später vor ein nur wenig kulinarisches, mittelfränkisches Militärgericht bringen.

Besser, du orientierst dich an deinen eigenen Werten und entscheidest selbst, was richtig und vernünftig ist, als Führern jeglicher Art hinterherzurennen.

Alle wollen sie „nur dein Bestes“, wenn sie an deine Vernunft appelieren. Also dein Geld, deine Zustimmung, deine Freiheit oder deine Zeit.

Statt positiv ihr eigenes Ding zu machen, genießen sie ihre schale Macht und beschweren die nächste Generation mit dem Ballast ihres eigenen, ungelebten Lebens. Sie neiden den Jungen ihre Jugend, Freiheit und Unbekümmertheit.

Das größte Geschenk, das du daher deinen Kindern machen kannst, ist, glücklich zu sein und ein für dich ganz individuell erfülltes Leben zu führen.

Vernünftig sein und im Endeffekt nur die Befehle und Wünsche anderer leben?

NEUN

Der Beste sein

SELBST, wenn ein hoher Berg erklommen wurde, reicht es noch nicht. Sofort muss der nächste Rekord her. Wie getrieben dreht sich ihr Rad immer, immer schneller und ohne Limit - bis es irgendwann hochtourig verglüht.

Ständig vergleichen sie sich mit anderen und leben für den fernen Tag X in der Zukunft, an dem sie sich endlich entspannen und zurücklehnen können.

Doch dieser Tag kommt nie.

Warum immer der Beste sein müssen? Warum reicht nicht ein *gut genug*?

Wie stressig muss es für Bill Gates sein, überall auf der Welt erkannt zu werden und permanent von Security umgeben zu sein?

Sein Leben wäre wohl deutlich angenehmer, belegte er

lediglich auf Platz 2000 der internationalen Reichenliste. Die Familie einmal pro Woche zum Pizzaessen auszuführen, sollte sich dann finanziell immer noch ausgehen.

Wenn du aus purer Leidenschaft heraus z. B. der beste Stabhochspringer der Welt werden willst – okay, dann mach es.

Doch nie genug haben und verbissen immer der Beste sein müssen?

ZEHN

Dich vergleichen

Jeder von uns hat seine Stärken und Schwächen und vergleicht sich mit anderen Exemplaren seiner Gattung. Jeder wäre gerne größer, stärker, intelligenter, hübscher, erfolgreicher oder vermögender. So sind wir biologisch organisiert.

Die Unterschiede von Mensch zu Mensch lassen sich weder leugnen noch mit einem lapidaren „Wir sind doch alle gleich“ wegdiskutieren.

Sich vergleichen als Motivation

Der Blinde bleibt trotz positivem Denken ein Blinder. Doch angenommen, du hast 20 Kilo zu viel auf deinen Rippen und siehst einen durchtrainierten Typen, der souverän an dir vorbeijoggt – dann hast du folgende Möglichkeiten, mit diesem Reiz umzugehen:

1. Du leugnest, dass du gerne anders wärst, und flüchtest dich in Talkshow-taugliche Phrasen à la „Ich bin dick, und das ist auch gut so".
2. Du lässt den Gedanken zu, dass du gerne schlanker wärst, akzeptierst jedoch, dass du keine Motivation hast und dich nicht ändern möchtest.
3. You do the damn work and change your life.

Jeder fängt woanders an

Du willst eine Firma gründen, kommst aus einfachen Verhältnissen, vergleichst dich aber mit einem erfolgreichen Millionenerben?

Du willst dein erstes Buch schreiben und vergleichst dein Schreibtalent bereits mit jenem Ernest Hemingways?

Keine gute Idee!

Was zählt, ist dein Fortschritt, egal von wo aus du startest. Jeden Tag einen Schritt nach vorne. Idealerweise bist du im Sinne von „done is better than perfect" und „progress, not perfection" dein eigener Benchmark, an dem du dich misst.

Schutz vor Vergleichen: Mach dein eigenes Ding

Je näher du deine Tangente an deinen eigenen Wünschen, Werten und Zielen anlegst, desto weniger wirst du das Bedürfnis verspüren, dich mit anderen zu vergleichen.

Denn wenn du dies tust, dann bist du Träger deines eigenen Schatzes. Selbst dann, wenn du keinen müden Pfennig in der Tasche hast.

Dein Leben damit verschwenden, dich mit anderen zu vergleichen, anstatt dein eigenes Ding zu machen und dich auf dich selbst zu konzentrieren?

Emotionen & echte Gefühle

ELF

Nett sein

Ich hatte höllische Angst davor, abgelehnt zu werden. Ich wollte es jedem recht machen und stellte mich bei allen Schlangen des Lebens hinten an.

Meine Freunde nannten mich „Bandit", allerdings wäre „Sprühschaum" wohl passender gewesen – einer, der sich selbst in jede noch so kleine Ritze passgenau einfügt.

Allzu nette Menschen äußern niemals Kritik und verorten sämtliche Fehler immer nur bei sich selbst, anstatt öfter Nein zu sagen und anderen ihre Grenzen aufzuzeigen. Die eigenen Bedürfnisse werden – sofern es die Situation erfordert – wie Staub aus dem Fenster geworfen und lösen sich in Luft auf. So einen braucht es in jeder Gemeinschaft, einen, der für alles die Verantwortung übernimmt.

Nett sein ist per se nichts Schlechtes. Doch wenn du permanent Angst davor hast, bei irgendjemandem anzuecken, beugst du dich schnell jedem sozialen Druck und tust Dinge, die du eigentlich gar nicht tun willst. Dinge, die nicht in deinem Interesse sind oder dir gar schaden.

Nett sein - was bringts?

Ein kleines, fragiles Fähnchen, das beliebig jeder Windrichtung folgt, muss nie wirklich für sich einstehen und Konflikte aushalten. Wer immer das tut, was die anderen von einem erwarten, der vermeidet die ganz normalen, gesunden menschlichen Reibungskontakte.

Doch ohne diese Stressoren und Herausforderungen bleibt der Charakter schwach und verkümmert wie ein nie benutzter Muskel.

Wer alle Entscheidungen an die Außenwelt outsourced, muss sich nie wirklich mit sich selbst beschäftigen, Verantwortung übernehmen und sich fragen: *Wer bin ich? Was will ich? Was sind meine Ziele?*

Anstatt emotional unabhängiger zu werden und seine mentalen Muskeln zu trainieren, schweben diese Menschen – manchmal ihr ganzes Leben lang – wie Astronauten in einem Vakuum und sind nicht selten der fatalen Illusion verfallen, eigentlich stark, frei und unabhängig zu sein.

Sobald die Beine jedoch den Kontakt mit dem Erdboden finden, knicken sie wie Streichhölzer ein und verabschieden sich schnellstens wieder von ihrem Date mit der knallharten Realität.

Schafe ziehen Wölfe an

Allzu nette Menschen sind wie Häuser mit offenen Toren und Türen. Die meisten vorbeilaufenden Passanten sind halbwegs zivilisiert und respektieren den persönlichen Raum ihrer Mitmenschen.

Doch es ist immer nur eine Frage der Zeit, bis dir das Schicksal ein Insekt von einem Menschen vorbeischickt und dieses uneingeladen in deinem Wohnzimmer steht.

Nur wenn dein Haus gut gesichert ist, deine Grenzen klar abgesteckt sind und dein (emotionales) Immunsystem bestens funktioniert, sucht sich der Abschaum der Welt ein anderes, leichteres Opfer.

Wölfe brauchen Schafe, um sich selbst versichern zu können, dass sie Wölfe sind. Innen drin sind sie nur kleine, verletzte Wesen, die ignoriert, misshandelt und schlecht erzogen wurden.

„Alles verstehen bedeutet alles verzeihen“, sagt der französische Volksmund. Doch wer sich auf die Schwächsten stürzt und die bereits verletzten noch terrorisiert - als hätten sie es nicht schon schwer genug im Leben - der gehört zur niedersten Kaste Mensch überhaupt.

Nett sein ist nicht sexy

Menschen mit klaren Grenzen, Werten und Meinungen werden von anderen Leuten als „sexy“ wahrgenommen.

Sie kommunizieren an ihre Mitmenschen ganz ohne Worte, dass es total okay ist, gut für sich selbst zu sorgen und so zu sein, wie man ist. Selbst arrogante Zeitgenossen wirken aus diesem Grund deutlich attraktiver als Windfähnchen ohne eigene Meinung und Position.

Gemeinhin gilt, dass Menschen, die sich gleich oder zumindest sehr ähnlich sind, sich gegenseitig an- und ausziehen. Oder wie die Engländer sagen: „Birds of a feather flock together."

Viele fühlen sich aber gleichermaßen auch stark zu Personen hingezogen, die eine bestimmte Eigenschaft besitzen, die sie selbst gerne hätten.[1]

Warum sind Menschen zu nett?

Sagte ich als Kind etwas, was meinem Vater nicht passte, dann wurde es gefährlich. Wenn er mal wieder (wie jeden Abend) besoffen war, konnte ein (zu) ehrliches Wort schnell in einer Backpfeife und Hausarrest münden. Als Gott die guten Familien verteilte, war ich wohl kurz draußen eine rauchen.

Demokratie reicht meist nur bis zur Haustüre. Dahinter herrschen in nicht wenigen Fällen selbst im 21. Jahrhundert noch Diktaturen vielfältiger Couleur.

Nach knapp zwei Jahrzehnten an emotionaler Programmierung ging ich davon aus, dass:

Wenn ich sage, was ich denke, dann bin ich in Gefahr. Wenn ich so bin wie ich bin, dann werde ich abgelehnt.

Vielleicht ist dies auch der Grund, warum ich es immer allen recht machen wollte: aus Angst vor Ablehnung und einem tiefen Bedürfnis nach Anerkennung heraus. Es brauchte zehn lange Jahre an Psychotherapie, damit ich herausfand, warum ich so willig immer die Schuld für alles auf mich nahm: für die Akzeptanz, Anerkennung und ultimativ die Liebe meiner Eltern. Doch was für ein fieses und mieses Tauschgeschäft ist das? So kann man nicht leben!

Als wir noch in größeren Gruppen und Clans zusammenlebten, wurde man nicht nur von den Eltern, sondern vom ganzen Dorf erzogen. Die Chance, dass alle Stammesmitglieder gleichzeitig ein Rad ab und einen negativen Einfluss auf ein Kind hatten, war daher statistisch relativ recht gering.

Die Netten rasten aus

Was sich manchmal über Tage, Wochen oder Monate bei mir aufstaute, entlud sich in einem Mal mit voller Wucht. Statt kleiner, kontrollierter Explosionen warf ich nach langer Zeit des Zurückhaltens die große Bombe, den Daisy Cutter, ab.

Obwohl ich spätestens mit 16, 17 Jahren größer und stärker als mein Vater war, ging ich ihn nie tätlich an. Ich nahm mir lediglich das Privileg heraus, den Wohnzimmertisch samt darauf stehenden Gegenständen umzuwerfen, wenn es mir mit ihm und seinen herabsetzenden Worten wieder einmal zu viel wurde. Kathartisch war dieser Akt nicht. Nach solch einer Aktion fühlte ich mich schuldig: Wieder einmal hatte es sich gezeigt, wie *aggressiv* und *böse* ich doch war.

Nicht wenige „allzu Nette“ sitzen heute im Gefängnis, weil sie ihre berechtigte Aggression nicht scheibchenweise und kontrolliert, sondern mit einem großen Knall herausgelassen haben. Nach Jahren von Herabsetzung und Demütigung platzt dem ein oder anderen der Kragen und es kommt zu einer großen, schlimmen und manchmal irreversiblen Tat.

Die Gesellschaft und die Medien zeigen dann nicht auf den ursprünglichen Aggressor, sondern berichten nur über „das Monster“, welches selbst vor der eigenen Sippe keinen Halt machte.

Wir alle haben Dampf im System, und die vermeintlich Netten deutlich mehr als alle anderen. Emotionen und Gefühle können nun mal nicht langfristig unterdrückt werden. Die aufgestaute Energie muss irgendwohin entweichen. Mit jeder zusätzlichen Minute des Verdrängens und Wegdrückens spannt sich der Bogen ein Stückchen weiter auf, bis es irgendwann zum Schuss kommt. Es gibt immer eine Reaktion.

Ich nahm mir meine berechtigten Gefühle von Aggression oft sehr übel. Doch richtig eingesetzt, ist Wut ein sehr wertvolles Tool, das uns vor Schaden bewahren und unser Leben in die richtige Richtung lenken kann.

Es fiel mir meist schwer, diese Art von Gefühlen zu akzeptieren und diese nicht sofort zu verurteilen. Über die Zeit hinweg lernte ich jedoch immer mehr, mich mit meinem vielfältigen Gefühlskaleidoskop anzufreunden und jeden gesandten Botschafter ohne Vorurteile anzuhören.

Du kannst nicht darauf vertrauen, dass andere den korrekten Abstand zu dir wahren; du musst auch – falls es dazu kommen sollte – imstande sein, dein Revier verbal und physisch abzustecken und zu verteidigen. Hätte Aggression keinen Sinn, so hätte sich die Evolution ihrer schon vor vielen Millionen Jahren entledigt.

Je „gewaltbereiter" du bist, desto mehr Konflikte vermeidest du paradoxerweise. Recht gibt es immer nur unter gleich Starken. Lieber gefährlich sein und sich moralisch verhalten.

Viele Nette leiden unter dem sogenannten Doggen-Syndrom: Eigentlich sind sie große, stattliche Hunde, sind sich jedoch ihrer eigenen Größe und Stärke (noch) nicht bewusst.

Vielleicht musst du für dein persönliches Wachstum einige Illusionen aufgeben: Du bist dann vielleicht nicht mehr der gute Sohn, Bruder, Vater, Freund oder der nette, unkomplizierte Knuddelbär von nebenan. Doch dann ist das eben so.

Aus Angst und Anpassung heraus nett sein und die eigenen Bedürfnisse verneinen?

---

1. Verbal kannst du einen Freund beispielsweise hundertmal darauf aufmerksam machen, dass er selbstbewusster sein sollte – trotzdem wird in den wenigsten Fällen etwas passieren. Lebst du ihm hingegen souveränes Handeln aktiv vor, öffnen sich ganz neue Schleusen des Einflusses und der Veränderung.

ZWÖLF

Lügen - Teil 1

ÜBER THEMEN wie Kartoffelanbau und Elektrotechnik wirst du in der Regel korrekt informiert und ausgebildet. 1 plus 1 entspricht hier wirklich 2.

In vielen anderen Bereichen des Lebens und der Gesellschaft wird gelogen, dass sich die Balken biegen, oder es werden zumindest essenzielle Informationen ausgelassen.

Während meiner Banklehre erzählte mir beispielsweise niemand, wie das Geldsystem wirklich funktioniert bzw. was Geld eigentlich ist und dass im Grunde alle Geschichte ökonomische Geschichte ist. In der Schule lernte ich nicht, dass die Geschichte immer die Gewinner schreiben.

So ist nicht nur die Gesellschaft, sondern oft auch der Einzelne. Wir alle halten es meist nicht sonderlich akkurat mit der Wahrheit und vertreten im Zweifelsfalle lieber unsere eigenen Interessen. So ist die Welt. „Jeder ist an allem Schuld“, schrieb Dostoyevski.

Doch wer sich am reich bestückten und oft verzerrten Faktenbüffet bedient und folglich einbildet, besser informiert und mehr wert zu sein als die anderen, der gehört doch zu den eher bemitleidenswerten Spezies auf diesem Planeten Erde.

Der Historiker Yuval Noah Harari beschreibt in seinem Buch „Homo Deus", wie sich Bildung und Nachrichten verändert haben. Früher funktionierte Zensur, indem man sprichwörtlich den Informationshahn zudrehte. Nur Könige, Präsidenten und Adlige hatten Zugang zu Informationen und wussten, was sich (wirklich) in der Welt abspielte. Macht war Information und umgekehrt.

Heute werden wir mit Informationen regelrecht überflutet und können vor lauter Wasser gar nicht genug saufen. Mächtig ist jetzt, wer weiß, welche Datenpunkte er ignorieren kann.

Indoktrination von Jugendlichen

Wieso wird für Bildung so viel Geld ausgegeben? Warum ist es so wichtig, Kinder möglichst schnell weg von der Familie und hinein in Kindergärten und Schulen zu stecken? Warum müssen Teenager in Zeiten des Internets noch nutzlose Fakten und Phrasen auswendig lernen? Warum muss ein Kind seine schönsten, gesündesten und energiereichsten Jahre in einem mit grellen Neonröhren beleuchteten Raum verbringen? Warum müssen sich kleine Erdenmenschen von Pappnasen mit FH-Diplom, die meist keine Ahnung vom Leben haben, die Welt erklären lassen?

Damit sie nicht auf die verrückte Idee kommen, selbst zu denken und zu entscheiden. Damit sie (später) genau das tun, was von ihnen erwartet wird – *Halt deinen Mund, misch dich nicht ein, mach das, was dir andere sagen, hinterfrag nicht, überlass das Denken den Experten, lies die ZEIT, zahl deine Steuern und konsumiere* –, anstatt ihrem Bauchgefühl zu folgen.

„Wer die Jugend hat, hat das Land", schrieb Tucholsky.

Schüler werden mehrheitlich von angepassten, akademischen Nieten, die oft keinen anderen Job finden konnten und denen finanzielle Sicherheit über alles geht, auf eine chaotische und sich fortwährend wandelnde Welt vorbereitet.

Das Ausbildungssystem ist wie ein gigantischer Hot-Dog-Marathon-Fresswettbewerb konzipiert: Je öfter und länger du, ohne dich zu übergeben, alles, was dir vorgesetzt wird, in dich hineinstopfst, desto qualifizierter bist du für einflussreiche Positionen - speziell in der Politik.

Außer Lesen und Schreiben habe ich in der Schule nicht viel aufgesaugt. Manchmal frage ich mich in einer nachdenklichen Minute, was ich in den vielen Jahren der Indoktrination doch alles an Wertvollem und Interessantem hätte lernen können.

Mehr Anpassung = weniger Kreativität = weniger Innovation

Es braucht die Elon Musks dieser Welt, die Raketen ins Weltall schießen und im Alleingang ganze Industrien verändern. Es braucht Menschen, die es wagen zu scheitern, die ins kalte Wasser springen und die Felder bestellen, welche später die Bürokraten und Administratoren ernähren. Konforme und roboterhafte Duckmäuser sind nicht kreativ und erschaffen nichts Neues.

Wir bewegen uns schnellen Schrittes in Richtung Automatisierung und Digitalisierung. Alte Systeme werden von neuen ersetzt. Die Jobs, die von Robotern gemacht werden können, werden von Robotern gemacht werden. Um in dieser neuen Welt erfolgreich zu sein, müssen wir laut Schriftsteller James Altucher alle zu sogenannten „Ideen-Unternehmern“ werden. Kreativität ist das Gold der Neuzeit.

Fehler machen

Bahnbrechende Erfindungen kann man nicht am Reißbrett planen. Viel öfter, als uns bewusst ist, entscheiden der Zufall und die Bereitschaft, (vermeintliche) Fehler zu machen, über Erfolg und Misserfolg. Hätte man Alexander Fleming dazu gezwungen, kreativ zu sein, würden wir heute wohl immer noch an der Pest verenden. Das Penicillin entdeckte er nur durch einen Zufall – durch Ausprobieren und Experimentieren.

Zugegeben, wenn du wie Alex Honnold ohne Seil einen Berg hochkletterst oder Flugzeuge reparierst, dann solltest du besser keine Fehler machen. Für den Normalbürger stellt es jedoch meist ein größeres Risiko dar, kein Risiko einzugehen. Nur wer ein Lotterieticket kauft, kann gewinnen, besagt ein abgewandeltes jüdisches Sprichwort. Wirklich kreativ kannst du nur sein, wenn du dir erlaubst, die über viele Jahre gelernten Glaubenssätze zu hinterfragen und – falls notwendig – über Bord zu werfen. Also genau, was ich mit diesem Buch erreichen und in dir stimulieren möchte.

Dazu musst du vielleicht von deinem hohen Ross absteigen und dir eingestehen, dass du effektiv meist nicht sehr viel weiß und die meisten Dinge im Leben relativ und kontextabhängig sind.

Jahrelang unnützes Wissen in dich hineinschaufeln, ohne einen echten Vorteil davon zu haben? Viel wissen, um andere zu beeindrucken?

DREIZEHN

Lügen - Teil 2

DASS DONALD T. mehr als nur einen Riss in der Windschutzscheibe hat, muss nicht weiter erwähnt werden. Im Wahlkampf um das amerikanische Präsidentenamt im Jahr 2015 wirkte er auf viele Menschen jedoch deutlich attraktiver als die maskenhafte und sich hinter politisch korrekten Phrasen versteckende Hillary.

Man mag über ihn denken, was man will – eines kann man ihm nur schwer absprechen: Er spricht ehrlich und ungefiltert aus, was er denkt und wofür er steht. Er ist sein eigener Herr, hat sein eigenes Geld und muss es niemandem recht machen. Er lebt den amerikanischen Traum. Wer will das – à la base – nicht?

Nicht jeder – selbst, wenn er in einer Demokratie lebt – kann es sich erlauben, seine Meinung in dieser Weise geradeheraus und ungefiltert kundzutun. Wenn du nicht gerade Nachtwächter oder Bauarbeiter bist, dann bist du deinen Job schnell los, wenn du eine unbequeme Meinung vertrittst. Wer es dennoch tut, hat nach Nassim Taleb

„skin in the game“, tennisballgroße Eier und riskiert wirklich etwas. „Jede Widerstandsgeste ohne Risiko ist nichts als Geltungssucht“, sagte Stefan Zweig.

Nicht zu lügen bzw. die Wahrheit zu sagen ist ein Zeichen von persönlicher Freiheit, Unabhängigkeit und Stärke. Kein Wunder also, dass sich viele Leute von Menschen angezogen fühlen, die sich auszusprechen trauen, was sie denken, und dafür das Risiko eingehen, temporär auch mal der Buhmann zu sein.

Seitdem ich „trainiert“ habe, immer öfter das zu sagen, was ich denke – oder alternativ meine Klappe zu halten –, fühle ich mich deutlich erfüllter, besser, stolzer, kongruenter und noch ein gutes Dutzend gute Adjektive mehr. In einem Satz: Ich habe mehr Respekt vor mir selbst.

Disclaimer: Es ist gut, seine ehrliche Meinung mit anderen Leuten zu teilen, doch zum universell geltenden Mantra ohne Beachtung des jeweiligen Kontextes sollte man es nicht machen. Wie immer ist alles im Leben situations- und kontextabhängig: Man muss einem dicken Kind nicht sagen, dass es dick ist. Es geht darum, ehrlich mitzuteilen, wer du bist und wofür du stehst – und nicht darum, andere à la „Ich sage doch nur meine Meinung“ herabzusetzen.

Radikale Ehrlichkeit und ihre Folgen

Der amerikanische Schriftsteller James Altucher war ein erfolgreicher Geschäftsmann – bis er innerhalb von nur einem Jahr mehr als 15 Millionen Dollar an der Börse verlor und plötzlich arm wie eine Kirchenmaus war.

Wenig später verließ ihn seine Frau und er musste sich und

seine beiden Töchter alleine durchbringen. Manchmal fehlte sogar das Geld, um die nötigsten Hygieneartikel zu kaufen. Zahlreiche Familienmitglieder und Freunde wandten sich von ihm ab.

Mit 41 Jahren entschied er sich dazu, von nun an radikal ehrlich mit sich und seiner Umwelt zu sein. Folgendes passierte, nachdem er seine Wahrheit intensiv online und offline kundtat:

1. Alte Freunde und Kollegen brachen den Kontakt zu ihm ab.
2. Manche Menschen dachten, er sei verrückt und wolle sich umbringen.
3. Einige Menschen beleidigten ihn und fühlten sich durch seine , weil sie sich durch seine Ehrlichkeit bedroht fühlten.
4. Allmählich begannen die Menschen, ihn immer unterhaltsamer und witziger zu finden.
5. Leute vertrauten ihm und hörten auf seine Ratschläge und Tipps.

Seit seiner Bodenlandung arbeitete er sich mit viel Anstrengung und Kreativität wieder aus seinem Loch heraus. Inzwischen verdient er jährlich Millionen und betreibt einen der erfolgreichsten englischsprachigen Podcasts weltweit.

Sich ungeschminkt vor den Spiegel zu stellen und seine Fehler unter der Lupe zu betrachten, kann starker Tobak sein. Wer 50 Jahre lang falsch gelebt und sich wie ein Idiot benommen hat, der mag nicht sonderlich motiviert sein, seinen Dämonen ins Gesicht zu blicken. Drei Wörter:

Es – tut – weh.

Doch hinter der steilen Felswand liegen süße und fruchtbare Täler.

Es – lohnt – sich.

Wer die Reise wagt, von dem fallen viele innere Spannungen ab. Manch einer kann nach Dekaden von Leid das erste Mal tief und erholsam einatmen.

VIERZEHN

Stark sein

In der durchgetakteten, modernen Arbeitswelt bleibt nicht viel Zeit für Pausen: Durchgehend fit, nie krank, immer super drauf und leistungsfähig sein, lautet die Devise. Und dabei immer gut aussehen und möglichst nie gestresst wirken.

Wer temporär lahmt oder gar hinfällt, der wird oft aussortiert und ist raus aus dem Spiel. Wenn du nicht mehr hinterherkommst, dann ist das dein Problem. Um ins System zu passen, müssen wir Homo sapiens immer mehr zu Robotern mutieren und unsere menschlichen Bedürfnisse hintenanstellen.

Ein Tier im Wald würde nie Dinge tun, die ihm schaden: Ist ein Reh verletzt, legt es sich an eine sichere Stelle im Wald und rührt sich nicht, bis es wieder zu Kräften kommt. Die spitzen Orgelpfeifen der Evolution – wir Menschen – machen oft so lange weiter, bis gar nichts mehr geht.

Du musst funktionieren

Gegen Ende meines Studiums absolvierte ich ein Praktikum bei einer bekannten Pharmafirma in Paris. Von einem Tag auf den anderen litt ich plötzlich an starken Konzentrationsproblemen.

„Heute kann ich mich leider nur schlecht konzentrieren", sagte ich ein paar Tage später (noch) gut gelaunt bei einem Marketing-Meeting, ohne zu erahnen, dass mich dieses Problem noch sehr lange begleiten würde.

Als ich für eine einfache 30-Minuten-Aufgabe bald einen ganzen Arbeitstag benötigte, entschied ich mich, mit meinem Vorgesetzten zu sprechen. Boris hörte mir aufmerksam und emphatisch zu. Ganz der Pharmamanager kam er zu folgender Schlussfolgerung: „Das kann ja nicht sein, dass du nicht funktionierst. Da musst du ein Medikament dagegen nehmen."

Zwei Konsultationen später mit Mme. Woollard, meiner neuen Psychotherapeutin, dämmerte es mir, dass ich mir keine Grippe, sondern eine waschechte Depression eingefangen hatte: eine rote Warnleuchte des Geistes, welche mir mit Pauken und Trompeten verkündete, dass ich doch gefälligst mein Leben ändern sollte.

Boris meinte es wahrscheinlich gar nicht schlecht mit seinem Rat, Pillen zu schlucken. Doch ich wollte mehr und tiefer fühlen, nicht weniger und oberflächlicher. Ich wollte nicht wie die vielen Zombies morgens auf dem Weg ins Büro bis oben hin mit Antidepressiva vollgepumpt in der U-Bahn sitzend künstlich lächeln, wenn es mir eher nach weinen war. Ich entschied mich, alles zu fühlen –

auch wenn es noch so weh tat. „The only way out is through“, schrieb Robert Frost.

Glaubt man aktuellen Studien, so schlucken in Österreich und Deutschland knapp 10 Prozent der Bevölkerung täglich Antidepressiva. Rechnet man die ganz jungen und die ganz alten Leute heraus, dann läuft nach Adam Riese ergo mindestens jeder Siebte emotional gehörig auf dem Zahnfleisch. Ich war also alles andere als alleine mit meinen Gedanken, Gefühlen und Symptomen. Trotzdem fühlte ich mich wie derjenige, der beim Reise-nach-Jerusalem Spiel als einziger noch steht, während die anderen alle bequem sitzen.

Stark sein = Schwäche zulassen

Das Paradoxe am Schwäche zulassen ist: Sobald du dir eingestehst, dass du schwach bist, bist du eigentlich nicht mehr schwach, sondern (bald) stark.

Wer sich nicht eingesteht, manchmal schwach und hilflos zu sein, sondern immer den großen, starken Macker markiert, der ist der eigentliche Loser.

Je mehr Wahrheit ein Mensch über sich selbst und die Welt verträgt, von desto edlerer Art ist er. Wer die kleinen und großen Krisen des Lebens nicht einfach feige wegdrückt, sondern sie mutig konfrontiert und meistert, wächst daran und wird mit der Zeit souveräner.

Permanent stark sein, weil dies von anderen Leuten so erwartet wird?

FÜNFZEHN

Tolerant sein

JEDER SOLL HEUTZUTAGE *TOLERANT* und *offen* sein. Doch was, wenn wieder einmal ein moderner Steinzeitmensch neben dir in der U-Bahn seine stinkende Asia-Nudel-Box lustvoll in sich hineinstopft?

Solche Menschen verfügen entweder über einen IQ im höheren Badewassertemperaturbereich oder es muss ihnen wohl gefallen, ihre Mitmenschen olfaktorisch bis aufs Äußerste zu reizen.

Manche Leute scheint solch ein Geruch nicht weiter zu stören. Vielleicht, weil Gott sie mit dem Feingefühl eines Laubhäckslers ausgestattet hat.

Doch es ist, wie es ist: Ich persönlich bin nun mal wie ich bin und ich empfinde die Dinge, wie ich sie empfinde. Das ist mein gutes Recht. Trotzdem zweifle ich manchmal an mir selbst und denke:

1. Bin ich ein Spießer oder unlocker?

2. Bin ich überempfindlich?
3. Soll ich etwas sagen? Die anderen scheint es ja auch nicht zu stören.
4. Bin ich ein dünnhäutiges Sensibelchen?
5. Was, wenn nicht auf meine Aufforderung reagiert wird?
6. Soll ich mich lieber wegsetzen?
7. Vielleicht stimmt mit mir etwas nicht?

Du musst solch ein Verhalten deiner Mitmenschen nicht tolerieren. Du darfst sagen, was du nicht möchtest und darfst deine Bedürfnisse ernst nehmen – es sei denn, dein Interaktionspartner ist großflächig im Gesicht tätowiert oder ähnelt dem Typ „Berliner Großfamilie“.

Wieso sind wir auf dieser Erde? Was ist der Sinn des Lebens? Warum sind wir keine Steine, sondern intelligente Destillationsmaschinen für Kot und Körperflüssigkeiten?

Alles relevante Fragen – doch die wirklichen Probleme des Lebens drehen sich um deutlich unglamourösere philosophische Fragestellungen, zum Beispiel: Wie reagiert man auf stinkende Asia-Nudel-Boxen?

Du musst nicht tolerant sein, wenn andere Menschen deine Grenzen überschreiten und übergriffig werden. Es ist okay, dass du fühlst, was du fühlst. Du darfst deine Bedürfnisse der Welt kundtun und erwarten, dass sie respektiert werden.

Und wenn nicht, dann ist es dein gutes Recht, für dich

einzustehen. Das Wort „Toleranz“ stammt aus dem Lateinischen und bedeutet „dulden“; und irgendwann ist die Geduld eben auch mal zu Ende.

Der Mantel der Toleranz wird oft dazu genutzt, um andere zum Schweigen zu bringen. Sie sagen: „Sei mal toleranter“, und meinen eigentlich: „Pass dich an! Halt den Mund und mach, was ich dir sage!“

SECHZEHN

Authentisch sein

JOBINTERVIEW? Date? Business-Meeting? Kreuzverhör?

„Sei authentisch, dann passt das schon alles“, sagt uns der oft gehörte, doch nie gesehene, unsichtbare Dritte.

Verwirkliche dich selbst, hab Spaß, geh feiern, konsumiere, mach Schulden, have fun, halt die Klappe und vor allem – sei authentisch!

Doch was, wenn deine Art von Authentizität nicht dem entspricht, was implizit erwartet wird? Dann musst du dich anpassen und (un)freiwillig das tun, was du tun sollst. Du hast die Wahl und kannst dich frei entscheiden, für was immer du willst - vorausgesetzt du triffst die richtige Entscheidung!

Es ist nicht einfach, die vielen kleinen und großen Manipulationen zu erkennen, denen wir tagtäglich ausgesetzt sind. Noch schwieriger ist es, diese jiu-jitsu-mäßig auf eine Weise zu meistern, bei der unsere Selbstachtung und -Respekt intakt bleiben.

Wer immer nur auf der geteerten Straße fährt und sich nie seinen eigenen Pfad suchen muss, bemerkt seine Limitierungen womöglich gar nicht. Man muss sich erst bewegen, um seine Ketten zu spüren.

„Du selbst zu sein in einer Welt, die ständig versucht, dich zu ändern, ist der größte Erfolg überhaupt“, schrieb Ralph Waldo Emerson.

SIEBZEHN

Dinge bereuen

FALLS WIR AUF dieser Erde überhaupt etwas müssen, dann wohl 1) überleben und 2) uns fortpflanzen. Ich war sicher nicht das schnellste aus Zigmillionen von Spermien, um ein zwei oder drei Jahrzehnte später im klimatisierten Großraumbüro zu sitzen, während draußen die Sonne scheint?

Es sind häufig die Dinge, die wir nicht getan haben, die wir im Leben am meisten bereuen. Manchmal lohnt es sich, das Risiko einzugehen, das Chaos zu umarmen und einfach etwas zu machen. Im Zweifelsfalle kannst du dich später immer noch entschuldigen.

Wenn es gut läuft, sind uns 80 bis 100 Jahre auf diesem Planeten vergönnt. Und am Ende gehen wir *alle* – egal, ob mutig oder nicht – durch die gleiche Türe.

Dies kannst du zum Anlass nehmen, alles im Leben nihilistisch blöd zu finden. Oder du akzeptierst, dass das Leben –

wie der Buddhismus dies predigt – eine gute Portion an Leid innehat, und verfolgst mit kühnem Blick und realistischer Zuversicht die Dinge, die dir wichtig sind.

Wer lebt, sündigt und macht sich wohl oder übel die Hände schmutzig. Würden wir ewig leben, müssten wir nie bereuen. Denn dann hätten wir ewig Zeit, Dinge zu tun – und würden sie gerade aus diesem Grund niemals tun. Die zeitliche Limitierung macht den Reiz des Lebens erst aus. „Wir würden es gar nicht aushalten, ewig zu leben", sagte der auf menschlicher Ebene unmögliche Psychoanalytiker Jacques Lacan.

Die meisten Menschen leben provisorische Leben und hoffen ganz christlich auf die Ankunft eines Erlösers, der sie von der Last befreit, ein selbstverantwortliches Leben zu führen. Doch gibt es diesen Typ überhaupt? Was, wenn er nicht existiert? Was, wenn es keinen Gott gibt? Müsste man ihn dann erfinden? Wären wir dann für alles selbst verantwortlich?

Jeder fährt lieber auf sicherem Asphalt als auf Glatteis. Jeder wendet sich lieber Dingen und Themen zu, die ihm bereits sicher und bekannt sind. Oft zögere ich, doch schlussendlich tue ich in der Regel das, was ich gerne tun möchte, und besiege meine Angst.

Warum haben wir also Angst, unser Leben selbst in die Hand zu nehmen?

- Weil ein mögliches Scheitern dann vielleicht ganz unser eigenes ist.
- Weil wir dann ganz allein verantwortlich sind – ohne Ausreden und Ausflüchte.

Arbeit, Wissen & Ausbildung

ACHTZEHN

Viel wissen

ICH WAR 16 und mein Testosteron- und Energielevel auf maximalem Anschlag. Grund genug, um am Wochenende das in einer umfunktionierten Mehrzweckhalle stattfindende Dorffest aufzusuchen. Als ich eintraf, war die Party bereits in vollem Gange. Es herrschte Ausnahmestimmung.

Mich meiner Jugend erfreuend, stand ich im lauten Getümmel, musterte die rustikale Hautevolee und nippte cool an einem Alko-Pop.

Bis mir ein lederjackentragender Tunichtgut anatolischer Provenienz von hinten matt eine in den Nacken klatschte.

Es war ein alter Kollege aus dem Fußballverein, der in jenen Tagen, während ich auf der Ersatzbank gesessen hatte, fest als Stürmer eingesetzt wurde.

So weit kein Problem...

Wären da bloß nicht meine Fußballschuhe der Marke

Umbro gewesen, deren positives Markenimage seiner Auffassung nach nicht im Geringsten mit meinen fußballerischen Fähigkeiten in Verbindung standen.

Rückblickend hätte ich ihm eine Backpfeife reindonnern sollen.

Selbst in der Chemie ist Aktion gleich Reaktion. Wie in einer Excel-Formel: =WENN(A!="Nackenklatsche kassiert";"Faust ballen";"eine zurückdonnern")

Doch nicht in Lauchringen, einem 7000-Einwohner-Dorf im Süden Deutschlands, wo dir die abends auf den Feldern verteilte Gülle einen Strich durch jedes romantische Abendessen im Freien macht.

Zurück zur Mehrzweckhalle.

Nach dem unsanften Nackenschlag modellierte die mir zur Verfügung stehenden spieltheoretischen Handlungsszenarien, schaute nach links, dann nach rechts, und entschied im Interesse meiner körperlichen Unversehrtheit, final Folgendes zu tun:

nichts, nada, niente

Wäre ich als Teenager größer und stärker gewesen, hätte ich meine Konflikte vielleicht mit Gewalt gelöst und mich mit der Zeit zu einem brutalen Schläger entwickelt, der erst klatscht und dann spricht.

Doch genug der Fantasie...

Da mir der Weg der Gewalt verschlossen war, nutzte ich meine vermeintlich geistige Überlegenheit, um mich gegen die lokalen Barbaren zu behaupten. Am Panzer meines auswendig gelernten Faktenwissens sollte alles Übel dieser Welt wie Moskitos an einem Fliegengitter abprallen. Doch leider lernen nur Streber und Wer-wird-Millionär-Teilnehmer unnütze Fakten auswendig, um sich gescheiter und wertvoller als andere zu fühlen.

Inwiefern verbessert es dein Leben, wenn du weißt, an welchem Tag im Jahre 1800 Napoleon in einem Pariser Badehaus seinen Aal gewässert hat?

Leute, die wirklich etwas voranbringen, lernen keine nutzlosen Phrasen und Fakten auswendig. Sie fragen sich:

- Wie kann ich mein Leben verbessern?
- Wie kann ich das Leben anderer verbessern?
- Was bringt mich weiter? Was ist mir wichtig?
- Wo will ich hin?
- Worauf bin ich stolz?

NEUNZEHN

Angestellter sein

SKLAVEN KANN MAN IM 21. Jahrhundert deutlich besser kontrollieren, indem man sie davon überzeugt, als Angestellte tätig zu sein.

Letztere verkaufen nicht nur einen Teil ihrer Lebenszeit, sondern immer öfter auch ihren Charakter. Der Starbucks-Barista muss stets freudig und gut drauf sein, während er dir deinen Tall Spice Latte Sugar Crumble Christmas Edition zubereitet – auch wenn er sich innerlich eher nach Relegationsspiel fühlt.

Ob reich, ob arm, ob groß oder klein ... wir alle prostituieren uns auf gewisse Weisen. Das gehört wohl oder übel zum Leben mit dazu.

Träume eines High Potential

Während meines Studiums träumte ich davon, als künftiger „High Potential" die Karriereleiter zu erklimmen und als Topmanager in Designeranzügen um die Welt zu jetten.

International Business, Baby: Geld, Macht, Status, geiler Typ, Vollgas.

Die relative Freiheit der Studienjahre endete jedoch abrupt, als ich im Krisenjahr 2008 selbst nach intensiver Jobsuche keine Anstellung fand. Das Leben schubste mich von meiner Wolke auf den kernigen Asphalt der Realität und ließ mich schroff wissen, dass die Schonzeit nun vorbei ist und dass der Wind ab jetzt ein wenig rauer weht.

Nach langer Suche fand ich einen Vollzeitjob bei einer international bekannten Elektronikfirma, Zweigstelle Zürich. In meiner Überheblichkeit ging ich davon aus, dass die Elektronikgerätejünger so inbrünstig auf meine Ankunft warteten wie die Zeugen Jehovas auf den Messias. Ahnung von der Leuchten- und Lampenindustrie hatte ich keine, doch der Firmenname klang gut und die Bezahlung war auch nicht schlecht.

An meinem ersten Arbeitstag wurde ich, in Anzug und Krawatte gekleidet, von meiner neuen helvetischen Büropartnerin Marlies mit einem seufzenden „Nicht schon wieder ein Deutscher“ begrüßt. Nur wenige Stunden und Tage später wurde mir bewusst, dass ich der Ersatz für die gerade in die Pension verabschiedete Abteilungssekretärin war und dass die Kollegen von mir – trotz meines eigentlich anderen Aufgabenfeldes – erwarteten, deren Aufgaben zu übernehmen.

Ich verstand nun, warum ich in meinem *Super 150* Anzug zuerst die Post der Abteilung sortieren und dann an die nicht gerade hochbegabten Sachbearbeiter verteilen sollte. Der Abteilungsleiter und ich waren die Einzigen auf unserem Stockwerk, die in ihrem Leben je eine Universität von innen gesehen hatten. Auch meine auf Dispokredit im Designer-Sale erworbenen Hemden und Sakkos hatte ich mir umsonst zugelegt: Alle in der Abteilung trugen T-Shirt und Jeans.

Mit jedem neuen Bürotag verloren meine Akkus ein wenig mehr an Kraft, und die morgendliche Tram-Fahrt in Richtung Büro glich einem Barfuß-Brennnessel-Spaziergang.

Mit jedem zurückgelegten Meter in Richtung „Zone" zogen sich mein Magen und Brustkorb ein Stückchen mehr zusammen und mein Gesicht veränderte seine Konsistenz von Gummi zu Stahl. Beim Fußball-WM-Finale nackt über den Rasen zu flitzen hätte mich weniger Überwindung gekostet, als jeden Morgen aufs Neue den Firmeneingang zu durchschreiten.

Nach circa sechs Monaten wurden meine Karriereambitionen in der internationalen Beleuchtungsindustrie dramatisch ausgebremst. „Komm mal kurz rüber ins Büro", sagte mein Chef. Dort saß bereits die Personalchefin, deren tätowierte Augenbrauen sie alles andere als weich und sympathisch wirken ließen. Kurzum, ich musste fortan nicht mehr ins Büro kommen. Lediglich die monatlichen Schmerzensgeld-Zahlungen würden nach einer Frist von drei Monaten eingestellt werden. Ein weiterer Bonus war, dass ich nicht mehr mit der ganzen Abteilung um 11 Uhr 30 zu Mittag essen gehen und mir die Gespräche über die aktuellen Nachrichten aus dem Schweizer Äquivalent der Bild-Zeitung anhören musste.

Ich war zugleich arbeitslos und die Arbeit los.

Lass dich feuern

Stell dir vor, du sitzt bei einem Date im Eiscafé deines Vertrauens und musst die „Was-machst-du-denn-so"-Frage deines blonden Gegenübers mit „Ich bin arbeitslos" beantworten. Da geht dem ein oder anderen Mann mir hoher Wahrscheinlichkeit die Pumpe.

Wenn du gefeuert wirst, erfährst du mit einem Schlag sehr viel über dich, deine Freunde, dein Umfeld und die Gesellschaft. Als Nichtjobinhaber bist du in den meisten westlichen Gesellschaften nicht besonders populär – außer du hast Geld bis zum Umfallen und kannst dich alternativ zu „arbeitslos" galant „Privatier" nennen.

Trotz allem lohnt es sich, die Erfahrung zu machen, dass selbst dann, wenn du keinen Job hast, die Sonne morgens wie gewohnt im Osten aufgeht und sich die Welt wie gewohnt weiter dreht.

Anna Wintour, Chefin des *VOGUE* Magazins, sagte in einem Interview: „Ich arbeitete für die Zeitschrift *Harper's Bazaar*. Dann wurde ich gefeuert. Ich empfehle jedem, diese Erfahrung zu machen. Es ist eine große Lernerfahrung."

Durchschnittsbürger überstehen die Mutprobe der Arbeitslosigkeit nur, wenn Gott sie serienmäßig mit dem Selbstwertgefühl eines Löwen ausgestattet hat. Diese Menschen sind – auch wenn sie Schulden haben sollten – die wirklich Reichen.

Einer meiner noch im Sozialismus aufgewachsenen Freunde aus Ostberlin ist, seit ich ihn kenne – also seit dem Jahr 2012 – arbeitslos. In seiner nicht zu knapp bemessenen Freizeit konzentriert er sich auf die wirklichen wichtigen Dinge des Leben: Sport, Bräunen in der Sonne und Geschlechtsverkehr. An seinem Mindset sollte sich die Welt wie an einem Buffet bedienen können. Wäre er eine Aktiengesellschaft, sollte man mindestens 10 bis 20 Prozent seines emotionalen Portfolios in ihn investieren.

Im Rahmen einer Hausparty war mir vor einigen Jahren das Privileg vergönnt, einem Gespräch zwischen ihm – er war zu der Zeit knapp über 30 – und einer Studentin beizuwohnen.

Sie: Was machst du so? Studierst du?

Er: Nee, det is schon lang vorbei.

Sie: Ah, okay. Dann arbeitest du also schon?

Er: Nee, det is ooch schon wieder vorbei.

Man mag über ihn denken, was man will, doch eines kann man ihm nicht absprechen: Er fühlt sich als Mensch kein Gramm weniger wertvoll, weil er keinen Job hat, und genießt sein Leben – zumindest von außen betrachtet – in vollen Zügen. Zu DDR-Zeiten musste eben niemand beruflich den Zampano machen, um von der Gemeinschaft anerkannt zu sein.

Viele Wege führen nach Rom & die Angst vor der Freiheit

In einen 9-to-5-Job passte ich so gut wie ein Schwarzer an die Jahreshauptversammlung des Ku-Klux-Klan. Ich fühlte mich permanent gelangweilt, nickte bei langwierigen Meetings regelmäßig fast ein und entwickelte körperliche Symptome: Ich wurde fett, schlief schlecht und freute mich auf Montagmorgen wie ein Atheist auf Allah.

Viele Leute leiden leise vor sich hin und mutieren – sofern sie nicht vorher verrückt werden oder an einem Burnout erkranken – zu Robotern, die nur noch funktionieren.

Wir sollten alle wieder lernen, unseren Kopf für eine Zeit lang auszuschalten, weniger Angst zu haben und unserem Bauchgefühl zu vertrauen.

Wenn du ein Risiko eingehst, kannst du scheitern. Doch genauso kannst du auch scheitern, wenn du etwas nicht tust. Sich in diese Angstzone hineinzuwagen macht – zumindest für einen gewissen Typ Mensch – den Reiz am Leben erst aus.

Nachdem ich die Entscheidung getroffen hatte, mich selbstständig zu machen, schlief ich viele Monate lang schlecht. Die Angst trieb mich wie mit einer Peitsche durch den Tag und ich fühlte mich schuldig dafür, meinen eigenen Weg gehen zu wollen.

Was, wenn es nicht klappt? Was, wenn ich nicht begabt genug bin? Was, wenn ich, sollte ich pleitegehen, wieder zu meinem tyrannischen Vater zurückziehen muss?

Mit dem Scheitern kam ich eigentlich ganz gut zurecht. Es war bis dahin deutlich vertrauter als Erfolg. Später wurde mir bewusst, dass ich vor der Kehrseite der Münze sehr viel mehr Angst hatte:

Was, wenn es funktioniert?! Was, wenn ich (zu) erfolgreich werde?

Zahlreiche Menschen haben, ohne dass es ihnen bewusst ist, Angst vor den vermeintlich guten Dingen des Lebens: Erfolg, Geld, Freiheit, Unabhängigkeit - you name it. Um negative Gefühle zu vermeiden, sabotieren sie sich selbst, was das Zeug hält. Damit sie in ihrer Komfortzone bleiben und sich möglichst nichts verändert.

Mir war der Luxus, meine Ängste wegzudrücken und mich selbst zu sabotieren, zu diesem Zeitpunkt nicht mehr vergönnt. Dafür war ich bereits zu weit gekommen und mir meiner Gedanken und Gefühle zu sehr bewusst. Ich tat, was ich in dem Moment tun konnte: Ich versuchte, meine Ängste zu akzeptieren, mich mit ihnen anzufreunden und so wie bisher – wenn auch mies gelaunt und unausgeschlafen – weiterzumachen. Mit anderen Worten: Ich versuchte symbolisch gesprochen, das Lenkrad meines Fahrrads auf dem Glatteis gerade zu halten und keine überschnellen, ruckartigen Bewegungen zu machen.

Im Zweifelsfall lieber nichts tun!

Mindset-Wechsel: Help other people

Als Unternehmer muss ich mir mein Mindset permanent neu zurechtlegen, um am Ball zu bleiben. Bei allem, was ich tue, frage ich mich: Erzeuge ich damit Wert? Helfe ich damit jemandem? Oder prokrastiniere ich nur vor mich her?

Wer anderen Leuten hilft, ihre Ziele zu erreichen, wird mit großer Wahrscheinlichkeit erfolgreich sein und Geld verdienen.

Je mehr wir zu unserer Ambition und Motivation finden, desto besser können wir anderen helfen. Die eigenen Talente sind vielen Menschen jedoch nicht immer in vollem Umfang bewusst.

Um eine bessere und klarere Idee davon zu bekommen, was dich antreibt und erfüllt - und wo deine Stärken liegen - könntest du dir folgende Fragen stellen:

1. In welchen Situationen – bei der Arbeit oder im Privatleben – hast du Flow (dich gut gefühlt und die Zeit um dich herum quasi vergessen) verspürt?
2. Was hast du in diesen Situationen genau gemacht? Hast du zusammen mit anderen gearbeitet oder allein? Warst du körperlich aktiv und/oder geistig? Zu welchem Thema?
3. Wann, wie und wo hast du gearbeitet?
4. War es eine eher kreative, eine eher verstandesmäßige oder eine manuelle Arbeit?
5. Was genau hat dir dabei am meisten gefallen?

Rivalitäten vs. Resultate

In den zahlreichen Firmen, in denen ich vor meiner Selbstständigkeit gearbeitet hatte, lag der Fokus leider oft nicht darauf, etwas zu verbessern, sei es nun für den Kunden oder für das Unternehmen selbst.

Regelmäßig fühlten sich Vorgesetzte und Mitarbeiter bedroht, wenn ich frisch in die Abteilung kam und neue Ideen umsetzen wollte. Tipps und Verbesserungsvorschläge sind häufig wider Erwarten nicht sonderlich willkommen – insbesondere, wenn sie vom rangniedrigsten Mitarbeiter stammen.

Über die Jahrtausende hinweg war es der Normalzustand gewesen, dass jeder Mensch quasi sein eigener „Lebensunternehmer“ war. Erst in den letzten 150 Jahren der Geschichte wurde es plötzlich zum Standard, seine Lebenszeit gegen Geld an andere zu verkaufen und sich vorschreiben zu lassen, was man zu tun hat.

Jedes Blatt hat zwei Seiten, und viele Leute sind im Angestelltenverhältnis glücklich und zufrieden. Und es sind nicht immer nur die anderen Schuld.

Ich brauchte Zeit, um zu realisieren, wer ich bin, und was ich machen möchte. Niemand zwang mich, mich bei den jeweiligen Firmen zu bewerben.

Alles ist im Leben pfadabhängig. Man muss Dinge, Leute und Jobs wie Schuhe ausprobieren und in ihnen eine Weile herumlaufen, um zu sehen, ob man darin gut steht oder Blasen bekommt. Wichtig ist, sich für die Rückschläge, die effektiv meist keine sind, nicht zu verurteilen und trotzdem weiter zu machen. Alles ist Information und Kommunikation. Und wenn du nicht gerade auf den Kopf gefallen bist und immer wieder gekündigt wirst, dann möchte dir dein Leben womöglich ein Telegramm zustellen, welches du aufmerksam lesen solltest. Vielleicht ist es an der Zeit, dein Leben zu ändern.

Vielleicht ist es an der Zeit, dich als Erwachsener nicht mehr wie ein Schuljunge ermahnen lassen oder deine Persönlichkeit und Charakter an den höchstbietenden zu verkaufen. Vielleicht ist es an der Zeit, deinen Selbstwert nicht mehr davon abhängig machen, wie beliebt du beim Chef oder auf dem Arbeitsmarkt bist.

ZWANZIG

Studieren

Wer heutzutage nicht gerade Arzt, Pilot oder Raketenwissenschaftler werden möchte, der braucht kein gestempeltes Blatt Papier mehr, um viel Geld zu verdienen und sich intelligent zu fühlen.

Warum sollte man sich Vorlesungen zum Thema „Unternehmertum" eines Marketing-Professors der FH Furtwangen anhören, wenn auf YouTube stundenlange Vorträge von Seth Godin gratis verfügbar sind?

Ich musste erst an einer französischen Elite-Business-Schule studieren, um zu begreifen, dass hochtrabende Titel im 21. Jahrhundert absolut relativ sind. Wenn du mit einem mindestens dreistelligen IQ ausgestattet bist, dann ist es mehr oder weniger deine eigene Entscheidung, wie erfolgreich du werden kannst.

Zufall und Glück spielen sicherlich auch eine Rolle, denn vieles ist *trial and error* und absolut unberechenbar. Eine der wenigen Variablen jedoch, die du in deinem Leben sehr wohl kontrollieren und beeinflussen kannst, ***ist Fleiß*** und ***Einsatz***.

Mein ungarischer Freund Attila erfuhr nur eine karge Schulausbildung. Er arbeite als Kellner auf Kreuzfahrtschiffen, als Croupier in einem israelischen Casino und zuletzt als Umzugshelfer in London, während er gleichzeitig seine eigene Firma gründete.

Er redete sich jedoch niemals ein, dass er etwas nicht kann, nur weil er keinen eindrucksvollen Hochschulabschluss vorzuweisen hat. Er ging in seinem Leben viele Risiken ein und ist nicht selten gescheitert. Mittlerweile verdient er ein Vielfaches mehr als mancher Zeitgenosse mit Doktortitel, bereist permanent die Welt und lebt sein Leben nach seinem eigenen Gusto und Vorstellungen.

Titelgeilheit

„Mag. Hofrat Studienrat Vorname Nachnahme, BSc, MBA“ – so liest es sich auf manch österreichischer Visitenkarte. Auch in Deutschland sind Titel und Abschlüsse immer noch sehr wichtig.

„Die Deutschen müssen sich immer hinter Titeln verstecken“, schrieb der Zürcher Psychotherapeut C. G. Jung.

Sie (die Deutschen) hätten keinen Mut, einfach nur ein Mensch zu sein. In England hingegen sei es ausreichend, ein Gentleman zu sein. Daraus abgeleitet wäre der einzige Titel, den ich mir auf meine (nicht vorhandenen) Visitenarten drucken würde, folgender:

Andreas Elrak, h. s.[1]

Früher war der „Herr Doktor“ der größte Fisch im Dorfteich, doch die Zeiten ändern sich. Ich habe mittlerweile zu viele Menschen mit Doktortitel getroffen, um davon noch beeindruckt oder gar eingeschüchtert zu sein. Heute zählt, was einer kann und wie motiviert er ist, sich permanent weiterzubilden.

Leider gibt immer noch Menschen, die denken, dass sie nicht erfolgreich, intelligent oder begabt sein können, ohne ein Diplom an der Wand hängen zu haben. Sie denken, Letzteres sage irgendetwas über ihre Intelligenz oder ihren Wert als Mensch aus. Und diesen Gedankenmüll bekommen sie nicht selten in den Schulen vermittelt.

Dich minderwertig fühlen, weil du nicht studiert hast? Viel Zeit und Geld darauf verwenden, ein oft nutzloses Diplom zu erlangen? Nutzlose Fakten auswendig lernen, die dir unterm Strich nicht helfen, dein Leben zu verbessern?

---

1. h.s. = homo sapiens

EINUNDZWANZIG

Chef sein

Es gibt Chefs, die Mitstreiter auf Augenhöhe suchen. Dann gibt es auch Individuen, denen es nur um ihre persönliche Macht geht. Ihnen sind Menschen und Projekte völlig egal, solange sie selbst am Ende gut dastehen und als Held gefeiert werden.

Letztere Typen streben Führungspositionen häufig nur an, um sich mächtiger zu fühlen und die in ihnen tiefsitzende Unsicherheit auf diesem Wege wieder auszugleichen.

Sie fürchten, sich in einer Gruppe gleichwertiger Kollegen nicht durchsetzen zu können, tragen tonnenweise ungelebtes Leben mit sich herum und sind meist zu feige, mutige Entscheidungen für sich selbst zu treffen. Durch das Beherrschen anderer Menschen wird der morsche Selbstwert wieder ins Lot gebracht. Wenn du fünf Tage pro Woche von solch einem Zombie umgeben bist, dann kannst du effektiv einpacken.

Der Chef-Mythos

Als Jugendlicher träumte ich davon, Chef zu sein und in hastigen Schritten den vermeintlich gesellschaftlichen Olymp zu erklimmen. Vielleicht war diese Ambition aus meiner eigenen Ohnmacht heraus gespeist: Zu Hause bekam ich nur wenig Aufmerksamkeit und Bestätigung und führte tagtäglich wie ein Sklave Befehle von zwei inkompetenten und nicht sonderlich fürsorglichen Entscheidungsträgern aus.

Heute beauftrage ich oft Freelancer und bin deren De-facto-Chef – zumindest für die Dauer eines Projekts. Doch es geht mir nicht darum, von diesen Leuten Bestätigung zu bekommen oder von ihnen bewundert zu werden.

Ich möchte, dass sie ihren Job gut machen, selbstständig arbeiten, und dass ich mich auf sie verlassen kann. Es geht mir darum, so schnell, effektiv und angenehm wie möglich von A nach B zu kommen. Und sich dabei menschlich gut zu verstehen. Nicht mehr und nicht weniger.

ZWEIUNDZWANZIG

Viel arbeiten

„Unsere Enkelkinder werden in Zukunft nur noch 15 Stunden pro Woche arbeiten müssen“, prophezeite der Ökonom John Maynard Keynes im Jahre 1930. In anderen Worten: zwei Tage arbeiten, fünf Tage Wochenende.

Seit der Ära Keynes wurde die Wirtschaft um ein Vielfaches produktiver: Wozu es früher 50 Pferde und mehrerer Knechte bedurfte, schafft heute ein einziger Traktor samt Bauer. Warum also haben wir im Jahr 2019 immer noch keine 2-Tage-Arbeitswoche? Warum schieben Leute Überstunden und brauchen manchmal zwei Jobs, um Miete, Auto und Alkohol zu finanzieren?

Weil die Produktivitätsgewinne der letzten Dekaden nicht an die Mitarbeiter und Angestellten weitergegeben wurden, sondern bei den Aktionären und Eigentümern landeten. Darüber hinaus minderte die Inflation die Kaufkraft des kleinen Mannes: Auf den Geldscheinen steht selbst nach vielen Jahren immer noch die gleiche Zahl, nur bekommst du bei McDonald's irgendwann statt 12 Chicken McNuggets nur noch sechs dafür.

In der Schule lernst du alles von Geometrie bis Chemie – doch dass Staaten seit jeher Geld drucken und ihre Bürger rücklinks ihres Kapitals berauben, um z. B. Kriege zu finanzieren, davon hörst du nichts.

Uns wird weiterhin in Schule, Kirche und Kindheit eingetrichtert, dass es eine Tugend sei, (sehr) viel zu arbeiten – auch wenn etliche Menschen von ihrem Gehalt kaum leben können. Nur wer sich für andere verausgabt, darf sich gut und wertig fühlen.

Viel arbeiten - eine Erfindung der Neuzeit

Über die rare Spezies der Adligen kann man viel sagen, doch nicht, dass sie sich zu sehr stressen. Die meisten halten sich wacker und wirken oft entspannter und gelassener als die Normalsterblichen.

Im englischen Adel gilt es als verpönt, *ambitious* zu sein. Zu stark und zu verbissen nach etwas zu streben wirkt unentspannt, unsympathisch und stellt kein ideales Lebensziel für diese Kaste dar.

Die vielen leistungshungrigen Hervorkömmlinge der Mittelschicht wissen oft gar nicht, warum sie immer mehr wollen. Nach Dekaden des Malochens werden sie mit einem Klaps auf die Schulter und einer mittelmäßigen Armbanduhr in die Pension verabschiedet.

Anstatt sich über ihre späte Freiheit zu freuen, trauern sie um den Verlust ihres zentralen Lebensthemas, der nun versiegende Quelle ihrer Bestätigung: die Arbeit.

Wie ein pensionierter Kutschergaul wissen sie gar nicht, wohin sie laufen sollen, sobald sie nicht mehr vor einen Wagen gespannt sind. Sie tun sich schwer, ihren Alltag mit Seele und Sinn zu füllen. Über Jahrzehnte hinweg haben sie keine eigenen Interessen, Projekte, Leidenschaften oder Hobbys entwickelt.

Wer einmal an einer kolumbianischen Supermarktkasse gestanden ist, der muss keine Bücher über Entschleunigung und Achtsamkeit mehr lesen. Wenn nur eine Person mit einem guten Dutzend Artikeln vor dir steht, kann es durchaus 10 bis 15 Minuten dauern, bis diese mit der Kassiererin getratscht, fertig bezahlt und sich in Ausgang verabschiedet hat. Die anderen Mitarbeiter laufen so langsam und behäbig von Punkt A nach B, dass andere Kulturen dies als offene Provokation empfinden würden.

Auch bei vielen Eingeborenenvölkern ist kein biologisch angeborener Drang festzustellen, mehr zu arbeiten, als unbedingt nötig ist. Morgens wird gejagt, gepflügt, gesammelt und geerntet. Dann wird gegessen, geruht, gerastet, gequatscht, gechillt und gevögelt.

Zugegeben, sie haben keine Autos, iPhones oder Louis-Vuitton-Handtaschen; dafür ist ihre Chance, an Depressionen zu erkranken ungefähr so hoch, wie dreimal hintereinander von einem Blitz getroffen zu werden.

Mehr arbeiten ≠ Erfolg

Vladimir Horowitz, der beste Chopin-Interpret der Welt, übte zu Lebzeiten nie mehr als zwei Stunden täglich. Viele der weltbesten Schachspieler verdienen sich dumm und dämlich, lassen aber nach ein paar Stunden Training fünf gerade sein und widmen sich anderen Dingen.

Wenn lediglich die Anzahl der geleisteten Arbeitsstunden für den Erfolg ausschlaggebend wäre, dann wäre die Welt proppevoll mit Siegertypen.

Womöglich ist es ein spätes Relikt des Christentums, dass ich manchmal immer noch denke, nur etwas geleistet zu haben, wenn ich dafür gelitten und mich schlecht gefühlt habe. Doch Arbeit ist immer dann etwas wert, wenn man einem oder mehreren Menschen hilft bzw. in dessen/deren Augen Wert bringt oder wenn du – schlicht und einfach – mit dir selbst zufrieden bist. Wie lange ein Arzt für eine OP braucht, ist dem Patienten doch ziemlich egal, solange er danach wieder gesund und munter ist.

Ein erfolgreicher deutscher Unternehmer gab in einem Interview preis, dass er sich lieber tagelang an den Strand setzen und in Ruhe über eine profitable Nische oder Idee nachdenken würde, als blind draufloszuarbeiten. Abraham Lincoln, ehemaliger Präsident der USA, sagte bereits vor ca. 150 Jahren: „Wenn ich acht Stunden Zeit hätte, um einen Baum zu fällen, würde ich sechs Stunden lang meine Axt schleifen.“

Was ist Arbeit?

Oft saß ich nach 18 Uhr noch stundenlang im Büro der Wiener Unternehmensberatung, für die ich bis zum Jahr 2015 arbeitete. Erstens, weil dann eine angenehme Ruhe in dem sonst hektischen Großraumbüro herrschte, und zweitens, weil ich dem meist noch anwesenden Geschäftsführer signalisieren wollte, wie sehr ich mich doch für die Firma aufopferte.

Edison erfand die Glühlampe nicht, während er zwischen Schreibtisch und Kopierer hin- und herlief. Gerade wenn wir uns erlauben, uns zu entspannen, und die Gedanken ein wenig schweifen lassen, kommen aus der Tiefe der Psyche die besten Ideen an die Oberfläche. Wann immer der Marketingexperte Seth Godin beispielsweise ein persönliches oder berufliches Problem hat, geht er spazieren und stoppt erst dann, wenn ihm eine adäquate Lösung eingefallen ist.

Manchmal werfe ich mir immer noch leise vor, ein fauler Hund zu sein, wenn ich „nur" drei oder vier Stunden am Tag arbeite. Die gesellschaftlich propagierte 8-Stunden-Regel ist nach wie vor in mein Kleinhirn eingebrannt. Doch meine Kunden interessiert es nicht, wie kurz oder wie lange ich für ein Projekt brauche, solange ich ihnen dabei helfe, ihre Ziele zu erreichen.

Ich vertraue auf die gute alte 80/20-Pareto-Regel: 20 Prozent aller Aktionen führen zu 80 Prozent aller Ergebnisse. Diese 20 Prozent gilt es zu identifizieren und zu pushen.

Bis zur Selbstaufgabe arbeiten?

DREIUNDZWANZIG

Perfekter Lebenslauf

Mal ein Jahr Pause machen und nichts tun? Die Welt bereisen? Mal einfach nur sein? Nichts leisten müssen?

Dies erlauben sich nur die wenigsten. Wenn überhaupt, ist solch eine Pause – auch Sabbatical genannt –gesellschaftlich nur akzeptiert, wenn du in dieser Zeit einen Guinness-Buch-Rekord aufstellst oder eine Schule in Afrika von Hand aus Lehm baust.

Zwei Meter große bärtige, muskulöse Männer wurden von der Natur nicht dazu geschaffen, lange Texte grammatikalisch korrekt in eine Computertastatur zu hämmern. Ihre biologische Aufgabe ist es, die Sippe zu beschützen – und anderen Männern weh zu tun. Bei Vorstellungsgesprächen jedoch werden selbst solche Hünen weich wie Butter, wenn die 1,50 Meter große Personalerin eine Lücke im Lebenslauf zwischen Juni und September entdeckt.

Bei meinem Lebenslauf kam es mir weniger auf das Innere als auf das äußere Erscheinungsbild an. Ob ich nun wirklich etwas bei einem Job oder Praktikum gelernt hatte, war gar nicht so wichtig. Was zählte, war, dass der Firmenname gut klang und ein positives Licht auf mich warf.

Wie ein Briefmarkensammler verbrachte ich manchmal Stunden damit, meinem Lebenslauf jede noch so kleine neue berufliche Errungenschaft hinzuzufügen und zu polieren.

Wenn ich nicht gut drauf war, schaute ich mir das heilige Stück Papier an und ergötzte mich an meinen vermeintlichen Verdiensten.

Mein Bankkonto war zwar stets leer, doch dafür fanden sich mehr Markennamen auf meinem Lebenslauf als in manchem Kühl- und Kleiderschrank.

Gelassenheit

Viele Kinder werden von übermotivierten und angstbesetzten Eltern permanent verrückt gemacht, den perfekten Lebensweg einzuschlagen. Und zu diesem gehört selbstverständlich auch ein ebenso perfekter Lebenslauf.

Nicht selten sind sie – entgegen ihren eigenen bewussten Beteuerungen – nicht einmal wirklich um das Wohlergehen ihres Kindes besorgt. Manchen gefällt das Prestige, den Nachbarn erzählen zu können, wie toll der Sohn oder die Tochter doch sei, um sich dann selbst in diesem Glanze zu sonnen.

Bei den Kindern bleibt am Ende emotional hängen: Sei perfekt, passe dich an und mache das, was von dir erwartet wird. Nur dann bist du in Ordnung und etwas wert.

Die Angst der Eltern überträgt sich auf das Kind, welches fortan nicht mehr so gelassen und unbefangen wie vorher durch die Welt spaziert. Anstatt etwas Neues zu wagen, geht es lieber auf Nummer sicher und verspielt so zahllose Lebenschancen- und potentiale.

Zu viele Menschen machen ihren Selbstwert und ihre Fähigkeiten von ein paar Buchstaben und Zahlen auf einem Blatt Papier abhängig.

Sie leben nicht das eigene, sondern das Leben der anderen – das der unbekannten Dritten. Um aus diesem Modus auszubrechen, braucht es Mut. Den Mut, anders zu sein als die anderen, den Mut, ausgelacht zu werden, und den Mut, zu scheitern und wieder aufzustehen.

Deine Wünsche, Ziele und dein Leben so gestalten, dass sie auf deinem Lebenslauf gut aussehen? Dich verstellen und anpassen, anstatt deine Ziele zu verfolgen?

VIERUNDZWANZIG

Informiert sein

DAS ZIEL der Medien ist es nicht, dich über das Weltgeschehen gut zu informieren. Was zählt, ist die Zeit zwischen, vor und nach den Beiträgen: ***die Werbung.***

Über viele wichtige Dinge wird entweder **gar nicht**, lediglich **stark verzerrt** oder **extrem übertrieben** berichtet. Zur offenen Diskussion werden meistens nur Nebenthemen zugelassen:

Es wird beispielsweise intensiv diskutiert, ob eine bestimmte Art von Streubomben im Krieg erlaubt sei. Der Elefant im Raum – die Frage, ob es überhaupt okay ist, ohne UN-Mandat in ein fremdes Land einzufallen und unschuldige Menschen zu töten – wird dabei dezent übergangen.

Früher glaubte ich alles, was mir jahrelang von Eltern, Schule und Medien erzählt und eingeflößt wurde. Viele Menschen wachen irgendwann auf, andere kapieren Zeit ihres Lebens nicht, dass sie durchgehend aus der ideologischen Mülltonne essen.

So ist die Welt. So war sie schon immer. Akzeptiert. Unerträglich wird es nur, wenn sich die größten Lügner wie die Träger des Lichtes der Wahrheit präsentieren.

Vielleicht leben wir bereits in der besten aller möglichen leibniz'schen Welten und sollten das gerüttelte Maß der Dinge akzeptieren. Allem Anschein nach funktioniert echte Demokratie auch nicht: Wenn du schon einmal in Frankfurter Bahnhof aus einem Zug gestiegen bist, fragst du dich womöglich auch, ob wirklich jede der Gestalten, die dort herumlaufen, über die Zukunft unserer Gesellschaft mitentscheiden sollten.

Wer profitiert?

Kelloggs hat großes Interesse daran, dass du glaubst, ohne deine Honey Pops nicht aktiv und gesund in den Tag starten zu können. Ein Pharmakonzern wird dir immer dazu raten, bunte, teure Pillen zu schlucken, anstatt deinem Chef eine reinzudonnern und/oder einen guten Psychotherapeuten aufzusuchen. Last but not least solltest du auch nie einen Frisör fragen, ob du einen Haarschnitt brauchst.

Frage dich daher: Wer profitiert von einer Nachricht, einem Gesetz oder einem Status quo? Wer profitiert davon, dass Menschen immer dicker werden und an Diabetes erkranken? Wer profitiert davon, dass über gewisse Dinge nicht oder nur verzerrt berichtet wird?

Warum wird immer nur der eine Experte in politische

Talkshows eingeladen, andere hingegen nicht? In den meisten Fällen bedarf es lediglich einiger Minuten an intensiver Recherche und man hat seine Antwort: Dieser Experte ist bei einem Institut angestellt, das gewisse Interessen vertritt und welches ihm sein monatliches Gehalt überweist, mit dem er sich seine Honey Pops kauft.

Vertraue deinem BS-O-Meter

Jeder – selbst der Allerdümmste – ist von Geburt an serienmäßig mit einem hochentwickelten Bullshit-O-Meter ausgestattet.

Je mehr *Bildung* einem Menschen folglich während der Kinder- und Jugendjahre *angetan* wird, desto ungenauer wird sein internes Mess- und Balancesystem.

Jahrelang dachte ich, die Weisheit mit Löffeln gefressen zu haben, und baute einen großen Teil meiner Identität darauf auf. Als mir dieser gedankliche Luxus nicht mehr vergönnt war, musste an der nun vorgefundenen Leerstelle etwas Neues – Gesünderes – wachsen.

Die meisten Menschen lieben ihre Illusionen über sich und die Welt so sehr, dass sie an der Wahrheit schon lange nicht mehr interessiert sind. Sobald ihnen jemand ihre „Gewissheit" rauben will, beißen sie wie ein wild gewordenes Tier um sich.

Nichts, was ich aus den Mainstream-Medien erfahren könnte, macht mein Leben besser, glücklicher oder unbeschwerter. Im Gegenteil.

Wenn etwas wirklich Wichtiges in der Welt passiert, dann

vertraue ich darauf, dies schon irgendwie zu erfahren. Mein Umfeld nutze ich dazu ganz frech als menschlichen Nachrichtendestillator: Unten tropft die feine Essenz heraus, mit der etwas anzufangen ist. Alles andere verrottet auf dem Kompost der fahlen Worte und Werke.

Seitdem ich keine Zeitungen mehr lese, fühle ich mich deutlich entspannter und weniger ängstlich. Manchmal habe ich einen schwachen Tag und scanne kurz die Überschriften, um dann festzustellen, dass ich in meinem Leben bereits genug journalistisches Junk-Food in mich hineingestopft habe, und wende mich wieder wichtigeren Dingen zu.

Die Tücken des Alltags

FÜNFUNDZWANZIG

Gesund leben

TÄGLICH BOMBARDIEREN uns die Medien mit Ernährungs-, Gesundheits- und Diättipps à la „Der perfekte Waschbrettbauch – in nur zwei Wochen". Wir sollen nicht nur gut gelaunt im Job viel leisten, sondern darüber hinaus bestenfalls niemals gestresst wirken. Wer nicht derart volloptimiert und gesund lebt, dem wird väterlich noch einmal erklärt, was für ihn gut sei.

Doch mal ehrlich: Jedes Kind weiß, dass ein Teller Blattsalat den Körper glücklicher macht als eine Familienpizza mit extra Käse und Thunfisch. Auch jeder aufrecht laufende, zweibeinige Mehrzeller sollte mittlerweile verstanden haben, dass die tägliche Schachtel Zigaretten seine Lebenszeit nicht unbedingt verlängert. Trotzdem werden wir selbst als Erwachsene noch darüber belehrt, was wir tun sollen – und was nicht.

Wer sich vornehmlich von Alkohol und Zigaretten ernähren möchte, der soll dies doch bitte tun. Falls uns auf Erden nur ein Recht vergönnt sein sollte, dann doch jenes, selbst über unseren Körper zu entscheiden. Spätestens sobald wir – wie der Fußballer Mario Basler es formulierte – „drei Mal sechs Jahre alt“ sind.

Wären die professionellen Vorschriftenmacher in ihrem Tun wenigstens konsequent, dann würden sie den größten zivilisatorischen Killer in ihren Ausführungen nicht immer auslassen: ***Stress.***

Dieser Bastard liefert – auch ganz ohne Amazon Prime – Magengeschwüre frei Haus, färbt ein buntes Leben grau und verkürzt es oft dramatisch.

Anstatt gertenschlank und volloptimiert im Sarg zu liegen, empfiehlt der Wiener Philosoph und Tabakliebhaber Robert Pfaller, lieber ein wenig kürzer zu leben, dafür aber viel mehr zu genießen und auch mal fünf gerade sein zu lassen.

Vielleicht ist dies auch der Grund, warum das Rauchen selbst im 21. Jahrhundert nicht wirklich auszurotten ist: Wir bewundern, wenn jemand den Moment genießt und mehr oder weniger bewusst ein Stück seiner Lebenszeit gegen den Genuss eintauscht.

Die zähe Suppe des Alltags muss eben manchmal mit ein wenig Feuerwasser und Nikotin verdünnt werden.

SECHSUNDZWANZIG

Erreichbar sein & Social Surgery

Überkommt dich manchmal ein Gefühl von Schuld, wenn dein Handy klingelt, du aber gerade keine Lust verspürst, mit der Person am anderen Ende zu sprechen?

Vielleicht bist du ja nur müde oder gerade mit etwas anderem, etwas Wichtigerem beschäftigt. Ist doch keine große Sache, kurz das Gespräch anzunehmen – oder vielleicht doch?!

Meist sind es nicht die großen, sondern die kleinen und regelmäßigen Probleme und Dinge, die dir in ihrer kumulierten Gesamtheit den Tag vermiesen. Einer dieser kleinen, doch mächtigen Steine im Schuh ist der oft selbst auferlegte Zwang, ständig erreichbar sein zu müssen.

Du willst nicht antworten

Schreiben dir Leute z. B. eine E-Mail, und du hast nach 10 Tagen noch immer nicht geantwortet? Dies könnte folgende Gründe haben:

1) Du bist über alle Maßen beschäftigt und kannst wirklich keine 30 Sekunden aus deinem Tag herausbrechen. (eher unwahrscheinlich)

2) Du verspürst eine innere Abwehr dagegen, der betreffenden Person zu antworten. (wahrscheinlich)

Oft ist es einfacher, sein in der Regel zuverlässiges Bauchgefühl wegzudrücken und sich lediglich von seinem Verstand leiten zu lassen. Dies ist simpler, als sich einzugestehen, dass man auf bestimmte Menschen – ob nun Freunde, Familienangehörige oder Arbeitskollegen – vielleicht einfach keine Lust hat.

Ich habe es mir meist übel genommen, solche Gedanken überhaupt zu denken. In meinem illusorischen Selbstbild war ich stets der nette, adrette und perfekte junge Mann, den alle mögen (*müssen*). Doch wer die sehr gesunden Warnsignale seines Körpers und seines Geistes ignoriert, zu dem gesellen sich schnell schlechte Laune und falsche Lebensentscheidungen.

Man kann es drehen und wenden, wie man will: Manche Leute sind toxisch und rufen in einem ganz instinktiv das Bedürfnis hervor, ihnen ein High Five zu geben – mit einem Stuhl, ins Gesicht. Im Sinne deines Wohlbefindens könnte es sich daher anbieten, einen großen Bogen um solche „Perlen der Evolution“ zu machen.

Du bist der Durchschnitt der fünf Leute, mit denen du dich am häufigsten umgibst – und wer Heizöl tankt, kann schwerlich auf sauberes Abgas hoffen. Du bist der Türsteher und entscheidest, wer in deinen Club eingelassen wird.

Meine digitale Diät

Wenn ich arbeite, dann schalte ich das Handy ab. Alle paar Wochen fahre ich für ein paar Tage aufs Land und lasse alle elektronischen Geräte zu Hause.

Der erste Tag kommt einem kalten Entzug gleich. Ohne ständig am Handy und Laptop zu sein, weiß ich anfangs oft gar nicht, was ich mit mir anfangen soll. Lesen? Spazieren gehen? Mit Leuten sprechen? Sport? Nichts tun? Ich könnte ja was verpassen. Oder Emotionen fühlen und an Dinge denken, von denen ich mich sonst mit viel Mühe ablenke.

Bereits am zweiten Tag stellt sich meist eine ungewohnte Ruhe und Ausgeglichenheit ein. Ich schalte ab, höre Rachmaninow, komme vom Denken ins Fühlen und verbringe Stunden damit, auf einer Parkbank zu sitzen und Menschen zu beobachten. Anstelle der Krümel beginne ich den Kuchen, das große Ganze, zu sehen. Ich werde kreativ, denke über mein Leben nach und entwickle mir interessant scheinende Pläne für die Zukunft.

Manchmal sehne ich mich nach der Zeit vor dem Handy und vor dem Internet zurück. Als Kind wachte ich morgens auf und dachte an Fußball, Süßigkeiten und Skateboard fahren – und nicht an iPhone, Laptop oder TV-Serien-Marathons.

SIEBENUNDZWANZIG

Reisen

Du warst noch nie in China, Afrika und Amerika? Wie kann das nur sein? Wer mit 30 noch nicht jeden Kontinent besucht hat, der wird in manch weitgereister Prosecco-Gesellschaft oft komisch beäugt.

Vor 150 Jahren war wohl der Berliner, der in Köln Urlaub machte, der große Held und genoss höchstes Ansehen in seiner Peergroup.

Was wäre dies für eine großartige Welt, wenn wir wirklich alle nur verreisen müssten, um mit jedem Liter verflogenen Kerosins ein Stück weiser und reifer zu werden! Dann sollte das Reisen gar kein Ende mehr nehmen. Jeder Erdenbürger sollte wie ein Elektron permanent um den Globus geschossen werden.

Der Bruder mal wieder grantig? BahnCard 100 unter den Weihnachtsbaum – Problem gelöst.

Kim Jong-un wettert gegen Japan? Ab nach Goa zum Meditieren.

Wir würden in einer Welt leben, in der jeder eimersaufende Thailand-Tourist gebräunt, geläutert und erleuchtet aus dem Billigflieger in Berlin Schönefeld steigt. Tut er aber nicht. Der Atze stopft sich billiges Streetfood in den Rachen und brät tagsüber in der Sonne. Abends steht er knackedicht und wie betäubt vor einem 120-Dezibel-Disco-Lautsprecher, bis ihn die Müdigkeit wieder in die Koje ringt.

#humblebrag

In Zeiten von Social Media verreisen viele Leute nur, um permanent Bilder à la „I'm having so much fun!" zu posten. Der Tag wird im Hinblick auf das perfekte Instagram-Dokumentationsbild geplant.

Solche Leute können den aktuellen Moment – z. B. das Streicheln eines Wasserbüffels im Kongo – nur genießen, wenn sie wissen, dass andere davon erfahren. Wenn es keine Zeugen gibt, hat der Moment effektiv nicht stattgefunden.

Ich habe dieses Buch in Chiang Mai, Thailand, begonnen und tippe diese Zeilen gerade in Playa del Carmen, Mexiko, in meinen Laptop. Deshalb fühle ich mich jedoch nicht besser als andere. Ich schwitze nur mehr als der Durchschnittsdeutsche zu dieser Jahreszeit (Dezember). Zudem wird mir deutlich öfter Kokain auf der Straße angeboten.

Es ist schön hier, fast schon paradiesisch. Aber auch sehr heiß. Ohne Klimaanlage kann ich nur schwerlich schlafen.

„Kein Lotus ohne Stängel“, sagen die Inder. Alles hat eben – und sei es noch so gut – seinen Schatten.

Viele der weltreisenden Westler fotografieren jeden Teller Salat. *Was für einen Stress machen die sich?!*, denke ich mir vom Nebentisch aus. Ich werde es wohl nie verstehen. Solche Menschen wirken nicht besonders frei und unabhängig auf mich. Tief im Inneren wollen sie nicht sinnlos Fotos machen, sondern sehnen sich nach einer innigen Umarmung und einem bedingungslosen „Du bist total okay!“.

Für Letzteres würden Leute in den Krieg ziehen oder barfuß von Mückenloch nach Tuntenhausen laufen. Wir sind alle irgendwie kleine Buben und Mädchen und wollen primär nur eines: gesehen, akzeptiert und beachtet werden. Doch vielleicht irre ich mich auch.

Mit einem offenen Geist ausgestattet, kann Reisen selbstverständlich auch eine große Bereicherung sein. Derzeit wohne ich meist für ein bis zwei Monate an einem Ort und versuche, mich auf die Menschen und die lokale Kultur einzulassen.

Primär habe ich bislang gelernt, dass ich im besten sokratischen Sinne wenig bis gar nichts weiß – und dass wir Menschen im Spiel des Lebens alle nur Amateure sind, die sich irgendwie kreativ durchwursteln.

ACHTUNDZWANZIG

Hobbys haben

MEIN WIRTSCHAFTSSTUDIUM WAR FERTIG, das Konto leer – Kohle musste her!

Ich brauchte einen Job. Banken, Versicherungen, große Firmen ... im Grunde genommen egal, welche Branche – Hauptsache, Geld.

Dafür nahm ich es sogar in Kauf, regelmäßig Kontakt mit der interessantes Spezies der Recruiter zu haben, einer Art Heiratsvermittler für Jobs.

Nach Dutzenden von Gesprächen hatte ich auf fast jede BS-Frage eine passende Antwort parat:

1. Woher kommt die Lücke von einem halben Jahr in Ihrem Lebenslauf? – *Ich habe mich auf dem Himalaya im Bereich Mitarbeiterführung weitergebildet und meine Kommunikations-Skills um 20 Prozent verbessert.*

2. Was interessiert Sie an diesem Job? – *Hier kann ich mich endlich kreativ einbringen und als Person wachsen.*
3. Ist Wochenendarbeit ein Problem für Sie? – *Nein, selbstverständlich nicht. Mach ich doch gerne. Ich liebe meinen Job!*

Alles kein Problem. Doch sobald ich nach meinen Hobbys gefragt wurde, stockte ich meist. Ehrlich wäre gewesen zu sagen: lesen, Eis essen, intensives Disco-Dancing, Zigaretten rauchen und Frauen dazu zu bringen, sich mit mir zu paaren.

Mich bei den Businessfragen verstellen – okay. Doch auch noch bei meinem Privatleben lügen, um einen möglichst guten Eindruck zu hinterlassen? Das ging mir ein wenig zu weit. Beim Beantworten dieser Fragen stotterte ich daher meist wie ein alter Dieselmotor, der jahrelang in einer Scheune gestanden war.

Ein Münchner Elite-Banker fragte mich bei einem Vorstellungsgespräch einmal, was es denn genau mit dem Punkt „Reisen“ in meinem Lebenslauf auf sich hätte. F***!, dachte ich mir.

Ich murmelte ein, zwei Sekunden lang vor mich hin, während ich darüber nachdachte, welche meiner letzten Reisen halbwegs vorzeigbar war. Zu diesem Zeitpunkt war ich noch nie in Amerika, noch nie in Asien, noch nie in Afrika gewesen – von Tunesien mal abgesehen. Nicht einmal die meisten der größeren deutschen Städte hatte ich zu diesem Zeitpunkt besucht. Warum? Ich hatte eigentlich nie Geld und leider meist ganz andere Probleme, als seelisch unbekümmert in den Urlaub zu fahren.

„Korfu!“, schallte es nach einigen Bedenksekunden aus meinem Mund. Es handelte sich um fünf allein auf der griechischen Insel verbrachte Tage. Tagsüber schlief ich, abends konsumierte ich Alkohol und Gyros, nur um dann müde zurück in Richtung meines billigen Hotelzimmers zu stapfen. Einen interessanten, fesselnden Reisebericht, der mich tollkühn und anpackerisch hätte aussehen lassen, hatte ich leider nicht parat.

Rückblickend glaube ich, dass ich die Entscheidung, nicht als Angestellter arbeiten zu wollen, in meinem Unterbewusstsein zu jenem Zeitpunkt bereits getroffen hatte. Ich brauchte zwar Geld, doch dafür meine Seele zu verkaufen war ich nicht mehr bereit.

Meine ganze Kindheit über war ich gezwungen gewesen, mich zu verstellen. Doch nun, als Erwachsener, hatte ich keine Lust mehr, diese fiese Tradition fortzusetzen.

Mit diesem inneren Konflikt ausgestattet, stellte ich mir manchmal, ohne es zu wissen, selbst beide Beine, wie die nachfolgende Story illustriert:

Ich wurde zu einem Vorstellungsgespräch bei einer Unternehmensberatung in Wien eingeladen und hatte auf meinem Lebenslauf den Namen eines aktuellen Buchprojektes erwähnt. Vielleicht, um zu zeigen, dass ich durchaus etwas zu tun hatte und nicht nur den ganzen Tag herumlungerte, während ich nach einem Job Ausschau hielt.

Nachdem die üblichen kurzen Floskeln à la „Haben Sie gut

hergefunden?“ ausgetauscht worden waren, ging es ans Eingemachte: Einer der zwei Chefs/Interviewer überreichte mir einen ausgedruckten Blogartikel mit der Überschrift „Wie du am effektivsten Frauen verführst“.

Zuerst war ich verdutzt, doch dann schlug die Erkenntnis tornadomäßig bei mir ein: Die beiden mussten den Buchtitel gegoogelt haben. Das Buch war noch nicht veröffentlicht (es wurde nie veröffentlicht), dafür aber mein Blog, der den gleichen Namen trug. Ein paar Monate zuvor hatte ich die Idee gehabt, meine schriftstellerischen Fähigkeiten weiterzuentwickeln und via Blog der Welt kundzutun. Ich schrieb über Themen, die mich als 25-Jährigen interessierten. Unter anderem über Frauen.

„Ist das Ihr Artikel?“, fragte er mich der einer der beiden Interviewer.

Ich wog kurz ab und überlegte zu leugnen, dass dieses schriftstellerische Meisterwerk zum Thema „Frauen verführen“ meiner Feder entsprungen war.

Scham stieg wie Sprudelwasser in einer geschüttelten Flasche in mir auf und wollte nur heraus.

Am liebsten wäre ich im Boden versunken und hätte lediglich einen Fettfleck hinterlassen. Ich saß jedoch weiterhin den beiden Herrschaften gegenüber und war gefordert, mit der Situation irgendwie klarzukommen.

Nach kurzem innerlichem Ringen entschied mich dafür, ehrlich zu sein und zu mir selbst zu stehen. Die Millisekunden zwischen Frage und Antwort kamen mir wie ein Jahrzehnt vor.

„Ja, das habe ich geschrieben“, sagte ich.

Wenigstens eine gute Geschichte, die ich mal meinen Kindern erzählen kann, dachte ich mir. Meine beiden Gegenüber stellten mir daraufhin spitze, freche Fragen und führten mich ein paar endlos lange Minuten vor. Ich gönnte den beiden Clowns, die ebenfalls Männer und keine 15 Jahre älter waren als ich, ihren Moment der Überlegenheit und sollte nie wieder von ihnen hören.

Du als Marke

Hobbys sind wie ein Teller Bohnen. Nicht gut, nicht schlecht, sondern einfach nur das, was sie sind. Sobald du jedoch beginnst, deine Leidenschaften wie ein Produkt im Kaufhaus zu vermarkten, läuft wohl gehörig etwas schief.

Meine Hobbys hatten oft keine besonders große Schnittmenge mit denen derjenigen, die mich interviewten. Manager, die so selbstverständlich segelten und Golf spielten, wie ich mir abends Nüsschen im Supermarkt holte. Wenn du deine Freizeit bevorzugt auf Vernissagen oder Drückjagden mit adligen Freunden verbringst, dann passt du wohl besser in eine Privatbank, als wenn du beim SC Rickenbach dafür bekannt bist, den Stiefelhumpen ohne Schluckreflex zu exen (war ich nicht).

Der Zwang, interessant zu sein & die Träume der anderen

Die meisten von uns sind keine großen Sportler, gehen nicht gerne in die Oper und faulenzen lieber, als in ihrer Freizeit den Mount Everest ohne Atemgerät zu besteigen.

Viele leiden jedoch unter dem Druck, zu denken, dass sie einen bestimmten Lifestyle haben sollten.

Sogar Kinder werden manchmal Opfer der oft vielfältigen Erwartungen ihrer Eltern. Meinem Vater beispielsweise gefiel die Idee, dass aus mir ein kleiner Ronaldo werden sollte.

Ob ich das selbst auch wollte, war ihm relativ egal: Ich wurde nie gefragt, ob ich Lust darauf hatte, jeden zweiten Samstag (Auswärtsspiel), auf dem Rücksitz eines Assi-Fußball-Vaters sitzend, in ein anderes Kaff zu fahren und meine Lebenszeit dort in voller Montur samt zweier linker Füße auf der Ersatzbank zu verbringen.

Später kam ich seinem Wunsch nach, Messdiener in der katholischen Kirche zu werden. Dies war ihm sehr wichtig. So wichtig, dass er mich noch mit harter D-Mark dafür bezahlte, brav mit zusammengefalteten Händen vor den Schäfchen in der Kirche zu stehen.

NEUNUNDZWANZIG

Geld haben

„Geld ist das Wichtigste im Leben“, sagte Opa zu Lebzeiten. Bleibt nur die Frage, warum er nie sonderlich viel davon hatte?

Manche fantasieren: Hätte ich nur genug Geld, dann wäre mein Leben perfekt. Dann hätte ich *diesen* Lifestyle, *dieses* Auto, *dieses* Haus und (meist der Quell aller Motivation – zumindest, wenn du ein Mann und hetero bist) *diese* Frau.

Viele rollen den Stein des Martyriums oft mehrere Dekaden lang sisyphusartig in Richtung Gipfel, nur um dann irgendwann herauszufinden, dass es die Anstrengung nicht wert war, dass ihr Leben von *perfekt* immer noch weit entfernt ist und sie jahrelang ein provisorisches Leben geführt haben.

Reiche Menschen haben einen entscheidenden Vorteil: Sie können jederzeit testen, wie es sich anfühlt, arm zu sein. Viele wären wohl entspannter, wenn sie die Möglichkeit hätten, ein Probeabo im Olymp des Ruhms und des Geldes abzuschließen. Danach würden sie nicht mehr spekulieren und projizieren, sondern aus Erfahrung sprechen, denken und fühlen.

Geld ist gut

Weil es Geld gibt, musst du nicht 500 Gramm Rinderhack mit ins Kino nehmen, um ein Ticket zu erwerben. Darüber hinaus ist Geld wie ein USB-Stick, auf dem deine geleistete Arbeit bzw. deine aufgewendete Zeit gespeichert ist. So musst du z. B. nicht ein ganzes Jahr lang 20 Stunden pro Woche arbeiten, sondern kannst auch ein halbes Jahr lang 40 Stunden pro Woche arbeiten und in der zweiten Jahreshälfte von deinen Reserven zehren, Pizza essen und *Mario Kart* spielen.

Wenn da nur die böse Inflation nicht wäre: Je mehr Geld es gibt, desto weniger ist es wert. Wenn du dir für 15 Euro netto eine Stunde lang mäßig interessante Kommentare deines Chefs anhören musst und deine mühsam geleistete Arbeit nach ein paar Monaten oder Jahren nur noch 13 Euro wert ist, dann wurdest du effektiv deiner Lebenszeit beraubt.

Da das Ganze leider nur sehr schwer zu verstehen ist, beschwert sich in der Regel kein Normalbürger über diesen bereits seit Jahrhunderten bekannten Missstand. Die Münzen im alten Rom wurden beispielsweise lange Zeit zu 100 Prozent aus Gold gefertigt. Weil der Kaiser jedoch Geld brauchte, um seine Kriege zu finanzieren, hatte der Spaßvogel die blendende Idee, die Münzen zu

„verwässern“ und ihnen billiges Kupfer beizumischen. Irgendwann war dann im Taler nur noch wertloses Kupfer und kein Gold mehr enthalten.

Dieser Betrug geht bis heute fröhlich so weiter. So lange, bis wir irgendwann wieder einen Koffer voll Geldscheine benötigen, um einen Laib Brot zu kaufen, und das Spiel von vorne beginnt.

Geld für dich selbst haben

Wenn du dies liest, lebst du mit hoher Wahrscheinlichkeit in einem kapitalistischen System, das zentral auf Geld basiert. Und wer spielt schon gerne Monopoly ohne Cash und Grundstücke?

Geld ist nur ein Teil des großen und komplexen Mosaiks des Lebens. Fehlt es jedoch, dann zerren viele äußere Kräfte an dir, die dich kontrollieren, einbinden, verängstigen und für ihre eigenen Zwecke instrumentalisieren möchten.

„Gib mir die finanzielle Kontrolle über eine Gruppe von Menschen, und ich verspreche, dass alle, außer ein paar einzelnen Helden, so denken, schreiben und sich so verhalten, wie ich es will“, sagte Benjamine A. Rooge.

Nur, wenn du dich so unabhängig wie möglich vom System machst – also über ausreichend Geld oder Besitz verfügst –, kannst du in dieser Gesellschaftsordnung ein paar Quadratmeter echte Freiheit genießen. Gleichzeitig kannst du auch (sehr schnell) freier und unabhängiger werden, indem du deine Bedürfnisse radikal reduzierst.

Geld für dich selbst – also zur Erreichung deiner dich glücklich machenden Ziele – zu besitzen, ist eine feine Sache. Doch gleichzeitig solltest du auch etwas haben, was selbst sehr viele reiche Leute nie haben werden: ***Genug!***

Innere Abwehr gegen Geld

Der Durchschnittsbürger ist allergisch gegen Geld, Macht – und manchmal auch gegen positive Gefühle. Ein Hund würde nie auf die Idee kommen, sich in der Gegenwart eines saftigen Knochens selbst zu sabotieren und sich dieses Leckerbissens zu entledigen.

Der Mensch jedoch ist anders: Manchmal hegen wir eine große Abwehr gegen Dinge, die eigentlich gut für uns sind. Viele haben Angst davor, zu groß, zu mächtig und zu unabhängig zu werden. Um sich mit diesen Emotionen nicht konfrontieren zu müssen, sabotieren sie sich selbst.

Dies ist einfacher, als sich mit dem widersprüchlichen Blumenstrauß an Gefühlen auseinanderzusetzen, der ihnen vom Universum frei Haus zugestellt wird.

Wenn du – wie viele Sprösslinge der Unter- und Mittelschicht – im oft unterbewussten Glauben aufgewachsen bist, dass Geld *schlecht* ist, dann wird sich dieses bei dir nicht sonderlich wohlfühlen. Du solltest Geld gegenüber – genauso wie Menschen – keine Vorurteile haben. Das darfst du dir und dem Geld nicht antun.

Denn einige Scheine, die in der Welt zirkulieren, tragen deinen Namen und möchten zu dir nach Hause kommen.

Geld ist das, was wir daraus machen – es ist weder gut

noch schlecht. Es hilft dir in der aktuellen Gesellschaftsform, unabhängig zu sein, ein gutes Leben zu führen und anderen zu helfen.

Doch Geld haben müssen, um von anderen akzeptiert zu werden und dazuzugehören? Um Erwartungen zu erfüllen?

DREISSIG

Ordentlich sein

Auf paradoxe Weise genieße ich es manchmal, wenn sich Flaschen, Pizzakartons und Klamotten neben mir auftürmen, während ich an einem spannenden Projekt arbeite.

Vielleicht ist es eine leichte Form von Masochismus und der Zustand meiner Umgebung nur ein Spiegel meiner Psyche. Maybe. Doch wenn es darum geht, ordentlich zu sein, habe ich eingesehen, dass ich dieses Problem zu meinen Lebzeiten wohl nicht mehr wirklich gebacken bekomme.

Wäre ich ein berühmter Maler oder ein gefeierter Rockmusiker, würde man mich als „exzentrisch" bezeichnen. „Der braucht sein kreatives Chaos", würden sie sagen.

Wie die Bibel bereits erwähnt, gibt es Dinge und Verhaltensweisen, die man ändern kann und sollte. Die anderen Dinge – jene, die man nicht ändern kann – muss bzw. sollte man so akzeptieren, wie sie sind. Ich habe mir antrainiert, meinem inneren Kritiker, sobald er sich wieder einmal mit Vorwürfen in diese Richtung bei mir meldet, mit einem lapidaren „So what?“ zu antworten.

Mittlerweile lebe ich ca. die Hälfte des Jahres in Hotels oder Airbnbs rund um den Globus und kann guten Gewissens nach Lust und Laune alles verlottern lassen, sofern ich das möchte.

Einmal die Woche kommt eine Reinigungskraft und bringt das Gröbste wieder in Ordnung. Dafür bezahle ich gerne.

Dich stressen, weil dein Naturell nur schwer mit den Substantiven *Ordentlichkeit* und *Struktur* in Verbindung zu bringen ist? Dich selbst verurteilen, obwohl du dich in deinem Chaos pudelwohl fühlst?

EINUNDDREISSIG

Ziele haben

„Wo sehen Sie sich selbst in 5 Jahren?“, fragte mich der Personalberater.

„Mit einem Cocktail in der Hand am Karibikstrand und links und rechts eine vollbusige Meerjungfrau neben mir… aber definitiv nicht neben dir im lauten Großraumbüro sitzend“, dachte ich mir.

Meine persönlichen Ziele waren ihm relativ egal. Er wollte wohl nur schauen, wie ich auf seine Frage reagierte und ob meine Ziele mit denen seiner Organisation übereinstimmten. Fehlanzeige!

Viele erfolgreiche Menschen setzen sich Ziele und visualisieren diese so lange vor ihrem inneren Auge, bis sie zur Realität werden. Der Comedian Jim Carrey – damals noch arm wie eine Kirchenmaus – schrieb sich selbst einen Scheck über 10 Millionen Dollar aus.

Er glaubte fest an sich und erreichte sein Ziel noch vor der selbst gesetzten Deadline. Seine Gedanken, sein Mindset und sein Wille materialisierten sich in der Welt und wurden schließlich greifbar. Fast alles um uns herum war irgendwann einmal *nur* Gedanken – bis diese Gedanken in die Welt gegossen wurden.

Früher war ich oftmals gelangweilt und wusste nichts mit mir anzufangen; mittlerweile habe ich mehr Projekte in Planung, als mir Zeit zur Verfügung steht, um diese zu realisieren. Es sind meine eigenen, und das gibt mir Sinn, Motivation und machte mich von einem Langschläfer zu einem Frühaufsteher.

Selbst wenn unsere Ziele – verglichen mit der Größe des Universums – noch so klein und unbedeutend sind: Wir brauchen sie, um weiterzumachen. Um jeden neuen Morgen mit positiver Gestimmtheit zu begrüßen. Unsere Leben sind faktisch sinn- und belanglos, bis wir der weißen Wand der zahllosen Möglichkeiten unseren eigenen Anstrich verpassen.

Du musst nicht der tolle Hecht sein, viel Geld verdienen und die 100 Meter in unter 10 Sekunden laufen. Wenn dein Ziel darin besteht, keine besonderen Ziele zu haben, dann ist das völlig in Ordnung. Whatever works!

Du sitzt für dein Leben gerne im Park und beobachtest Tauben? Wunderbar! Du bist dann vielleicht kein Superman, doch womöglich immer noch ein super Typ.

Und du bist auch total okay, wenn du – ansonsten fleißig und umtriebig – mal faul und träge bist. Das eine bedingt das andere, und alles will mittel- bis langfristig wieder in die richtige Balance finden.

Ziele sind sehr wichtig. So sind wir als Menschen einfach biologisch gestrickt. Doch dich unter Druck setzen (lassen), um Zielen nachzueifern, die nicht deine eigenen sind?

ZWEIUNDDREISSIG

In der Stadt wohnen

In der Stadt wohnt man mit seinen Nachbarn dicht auf dicht, hört ihnen beim Saugen und Stöhnen zu, wechselt mit ihnen jedoch meist kein anderes Wort als „Hallo, wie gehts?“ im Treppenhaus.

Auf dem Land wohnen die Leute weiter auseinander, hier kennt jedoch jeder jeden im Dorf – mit allen seinen Stärken, Schwächen und Unstimmigkeiten.

Nach dem (wenn auch nur sehr knappen) Bestehen meiner Fachhochschulreife zog es mich für den Zivildienst vom Schwarzwalddorf in die Weltstadt München, wo ich mit behinderten Kindern arbeitete.

Nach knapp fünf Stunden Zugfahrt stand ich mit meinen 20 Jahren und einem großen Reisekoffer auf dem Bahnsteig der bayrischen Metropole und fühlte mich, als hätte ich gerade Amerika entdeckt.

Nach zwei Dekaden dörflicher Diaspora war es mir endlich vergönnt, Menschen zu treffen, die gleichzeitig geradeaus laufen und einen korrekten Satz auf Hochdeutsch formulieren konnten. Darüber hinaus waren die Weibchen um Längen interessanter, hübscher, intelligenter und besser gekleidet als die mir bereits bestens vertraute nichtstädtische Kontrollgruppe.

Von nun an lief ich wie ein steil gekämmter Dackel stolz durch die Straßen und fühlte mich verwegen weltbürgerlich. Immerhin konnte ich – sofern ich es wollte – jeden Tag in die Disco gehen und mir zu jeder Tages- und Nachtzeit einen Döner hinter die Backen drücken.

Die in der Heimat zurückgelassenen Freunde beneideten mich um meine neuen Geokoordinaten.

Es brauchte einige Jahre, bis der Lack der Großstadt für mich zu verblassen begann und sich meine Perspektive langsam änderte. Mein Leben in München fühlte sich zunehmend stressig an und ich begann, meine alten Freunde zu beneiden: Sie atmeten bessere Luft, wurden nachts nicht durch betrunkene Mitbewohner aus dem Schlaf gerissen und konnten Straßen und Kreuzungen zu Fuß überqueren, ohne sich wie in einem Kriegsgebiet zu fühlen.

Selbst mein an einer Hauptverkehrsstraße gelegenes WG-Zimmer hatte ich nur ergattert, weil ich mich beim Besichtigungsabend für das Privileg, monatlich 400 Euro überweisen zu dürfen, im Sympathie-Casting gegen 11 andere Bewerber erfolgreich durchsetzt hatte. Für das gleiche Geld hätte ich im Jahre 2004 nach Christus in meinem Heimatdorf eine kleine, adrette Wohnung ohne Mitbewohner und Putzplan, jedoch mit Keller und Zugang zum Garten, bekommen.

Für viele junge Leute gibt es nur einen Fokus, wenn sie auf dem Land aufwachsen: Ab in die Stadt! Denn anscheinend – so der Tenor – muss man dort hinziehen, damit etwas aus einem wird. Dies mag vielleicht vor ein, zwei Generationen noch so gewesen sein. Doch dank des technologischen Fortschritts muss man heute nicht mehr in Ballungszentren wohnen, um viel Geld zu verdienen und Leute mit einem dreistelligen IQ kennenzulernen.

Städte haben ihre Vorteile: Nicht jeder weiß, wer du bist, was du machst und wer deine Verwandten sind. Du hast die Chance, Leute kennenzulernen, deren Horizont weiter reicht als Stammtisch, Bauwagenfest und Musikverein.

Doch in der Stadt wohnen, um angesagt zu sein, obwohl du dich woanders wohler fühlst?

DREIUNDDREISSIG

Dich hetzen

Biologisch sind wir Menschentiere Chamäleons, die sich zumeist der Gruppe um sich herum anpassen.

Das ist schon auf dem Spielplatz so: Wenn du nicht mitspielst, dann gehörst du nicht dazu. Außer du etablierst deine eigene einflussreiche Gruppe, wie z. B. Alexander der Große, Gandhi, Jesus oder Pablo Escobar.

Es braucht ein gutes Maß an Disziplin, um sich nicht von den neben einem lossprintenden Barbaren anstecken zu lassen, wenn diese versuchen, sich noch schnell in einen bereits überfüllten U-Bahn-Waggon zu pressen. Ich werde es wohl nie verstehen: Warum hetzen sich so viele Menschen? Damit sie 10 Minuten früher zu Hause sind und vor der Flimmerkiste sitzen können?

Früher, in meinen Zwanzigern, fand ich es immens cool, nach außen hin immer busy und gestresst zu wirken. Am besten mit Mobiltelefon am Ohr, während ich mit meinem Gesprächspartner auf Englisch kommunizierte, um den

Eindruck zu erwecken, ich würde gerade – in einer Münchner Tram stehend – den nächsten Millionendeal aushandeln.

Doch das Leben ist zu kurz für solche Aufmerksamkeitsspielchen. Es gleicht fast einem Wunder, dass es Menschen gibt, die für einige Jahre gesund, munter und ohne Beschwerden durch diese Welt spazieren. Beinahe täglich werden neue medizinische Studien veröffentlicht, die besagen, dass

- 10 % der Bevölkerung an der Krankheit A leiden,
- 6 % am Leiden B,
- 22 % am Gebrechen C
- und so weiter ...

Und irgendwann einmal, in nicht allzu ferner Zukunft, kreuzen sich diese Statistiken bei dir und werden dein Leben nachhaltig verändern oder gar beenden.

Nicht jeder ist Buddhist, glaubt an die Wiedergeburt und kann guten Gewissens ohne Helm Roller fahren. Wer weiß denn schon, ob wir wie bei *Super Mario* mehrere Leben haben?

In einem Satz: Ich glaube an das Leben vor dem Tod. Und dies möchte ich so schön und angenehm wie möglich über die Runden bringen, ohne mich dabei zu sehr zu stressen.

Dies gelingt mir nicht immer. Meine hohen Erwartungen an mich selbst treiben mich zu gleichen Teilen an und nehmen mir manchmal die Luft zum Atmen. Kein Erfolg ist genug, alles muss schneller gehen, nie reicht es. Acht

Stunden gearbeitet und einiges nach vorne gebracht? Reicht nicht. Immer mehr. Ich darf nicht entspannen.

In solchen Momenten versuche ich zu akzeptieren, was ich fühle, und warte, bis sich die emotionalen Wolken an meinem Firmament weiterbewegt haben. Sie zu bekämpfen funktioniert nicht. Akzeptanz, Fokus, abwarten und darüber hinaus weitermachen hat sich über die Zeit als erfolgreiche Formel herausgeschält. Und viele, viele Stunden an Psychotherapie.

Jeder sollte sich den Luxus gönnen, öfter mal Nein zu sagen und dort, wo andere aufs Gas drücken, auszukuppeln und energiesparend zu rollen.

Morgens den ersten Flug um 6 Uhr 40 buchen, um ein paar Euro zu sparen?

Nein, danke!

Zum Bus oder Zug spurten?

No, thank you.

Lieber warte ich drei Minuten, halte mein Gesicht in die Sonne, denke an eine leicht bekleidete Kolumbianerin und danke dem Universum für die vielfältigen Privilegien, mit denen es mich ausgestattet hat.

Dich permanent hetzen und dabei deinem Körper und deinem Geist schaden?

VIERUNDDREISSIG

Gut gekleidet sein

Um in der Stadt des eidgenössischen Glamours mithalten zu können, investierte eine Bekannte von mir jeden Franken, der sich auf ihr Girokonto verirrte in teure Klamotten, Handtaschen und Schuhe. Vorher hatte sie jahrelang in der schwäbischen Provinz studiert und wollte nun endlich von der gesellschaftlichen Landstraße auf die Autobahn wechseln.

Nach knapp einem Jahr intensiven Shoppings war ihr Kleiderschrank voll und das Konto leer. Wider Erwarten hatten die Designer-Handtaschen sie nicht auf direktem Weg in die helvetische High Society katapultiert. Nicht einmal die Männerwelt nahm sonderlich Notiz von ihrem Style-Upgrades im Wert eines Mittelklassewagens.

Warum also investierte sie so viel Geld und Zeit in tote Tierhaut und Malvengewächse?

Weil sie dachte, ohne diese modernen Talismane nichts wert zu sein und nicht mithalten zu können. Bald realisierte sie, dass es sie nicht glücklich machte, wie ein lamettabehangener Weihnachtsbaum durch die wesenskalte Schweizer Metropole zu spazieren. Kurze Zeit später war der meiste Krimskrams verkauft und ihr Konto wieder gefüllt.

Mich verwundert es bis heute, wie das Logo einer bekannten Skateboard-Fashion-Marke meinen jugendlichen Selbstwert wie einen Flaschenzug nach oben hebeln konnte. *From zero to hero* – nur durch das Tragen einer Markenjeans. Verrückt! Auf die Welt kommen wir definitiv nicht so.

Wir bekommen es von Kindheit an von den Medien und der Gesellschaft so eingeimpft.

Kleidung & Status

Die wirklich erfolgreichen Leute konzentrieren sich darauf, Dinge zu verbessern, weiterzuentwickeln und echten Wert zu schaffen – egal, ob die Krawatte schief hängt oder nicht. Die wirklichen Entscheider (Besitzer) sitzen meist ohnehin in Poloshirt und Leinenhose unter mediterraner Sonne, während die *Karrieretypen* ihre besten Jahre mit einem 1,50 m langen Würger um den Hals im klimatisierten Großraumbüro verschwenden.

Exzentrisch sein können in einer regulären Business-Umgebung nur die Allerbesten – wie z. B. der Investment-Tycoon Sam Zell, der legendäre Millionen- und Milliardendeals in T-Shirt und roter Latzhose abschloss. Solche Leute werden gemeinhin als „Spinner“ bezeichnet, es sei denn, sie besitzen viel Geld – dann nennt man sie „unkonventionell". Dieses „Handicap", wie der israelische Soziobiologe Amotz Zahavi es nennen würde, muss man sich eben leisten können.

Ich mag es, gut gekleidet zu sein, und lasse mich ab und an auch mal in meinem Boglioli-Leinensakko abfeiern. Das ist nur menschlich und in gewissen gesunden Dosen auch in Ordnung.

Doch ich entscheide selbst, wie ich daherkomme, und muss mich nicht nach einer vorgegebenen Kleiderordnung richten. Alles kann, nichts muss – wie im Swingerclub.

Damit ich mich in meinem Leben noch einmal täglich in einen Anzug zwänge, müsste monatlich so viel Geld auf meinem Girokonto landen, dass mir Privatbanker freudig jede Woche frische Pralinen und Blumen auf meiner Kiesauffahrt überreichen.

Wie ein frisierter Dachs durch die Welt laufen, um billige Aufmerksamkeit zu erhaschen? Um dazuzugehören und bestätigt zu werden?

FÜNFUNDDREISSIG

Wie Du Dich von den Zwängen der Gesellschaft emotional frei machst

FAST ALLE SELF-HELP-BÜCHER erklären dir auf Hunderten von Seiten, warum und wieso du dir, metaphorisch gesprochen, dein Bein verletzt hast bzw. was der Status Quo ist.

Wie du es jedoch kurierst, wird galant ausgelassen. Andere versprechen, dass sich nach der Lektüre dein Leben mit einem Mal alles positiv auf den Kopf stellt und dass von nun an alles anders sei.

Doch echter Wandel erfordert Zeit und ist leider alles andere als angenehm. Du kannst nicht einfach einen Schalter umlegen und dich von heute auf morgen von alten Verhaltens- und Denkmustern freimachen. Du bist nicht plötzlich souverän, mutig und stark, nur weil du dich dazu entschieden hast, es zu sein.

Viel Wasser fließt die Donau hinunter, bis dir kognitiv vielleicht bereits dir bewusste Probleme und Einsichten emotional verständlich werden. Folgende Mindsets, Dinge und Maßnahmen haben für mich funktioniert, und vielleicht helfen sie auch dir:

Bewusstwerdung und Akzeptanz

Man muss sich eines Problems bewusst werden (und es akzeptieren), um es zu lösen. Dies sind die ersten 51% des Weges.

Seit meiner frühesten Kindheit spürte ich beispielsweise, dass etwas faul war in meinem Staate Dänemark. Meist gelang es mir jedoch, die mentalen Warnungen wegzudrücken und meine emotionale Krise somit noch ein paar Jahre weiter hinauszuzögern.

Mir waren zu viele Dinge nicht bewusst, als dass ich mir einen Reim auf mich und meine Umwelt hätte machen können. Manche Menschen haben jedoch die besondere Gabe, vollumfassend ehrlich mit sich selbst zu sein. Sie heilen wie von selbst und benötigen keine oder nur sehr geringe Hilfe von anderen Menschen.

Die anderen Normalsterblichen, so wie ich, brauchen zuerst eine große Krise, damit sie sich ändern.

Mir halfen Psychotherapeuten und gute Freunde auf der Reise zu mir selbst. Ein Allheilmittel ist Therapie jedoch nicht. Sie führt dich lediglich an den Brunnen – trinken musst du immer noch selbst.

Ob du die Erkenntnisse dann auch umsetzt und dazu nutzt, lapidar gesprochen ein besserer Mensch zu werden, ist schlussendlich dann eine moralische Frage.

Wie in jeden Bereich gibt es auch bei den Therapeuten

viele Schnarchnasen, Scharlatane und Verrückte – also Leute, die mehr schaden, als dass sie helfen.

Mit folgenden Psychotherapieschulen habe ich positive Erfahrungen gemacht:

1. Alfred Adler
2. C. G. Jung
3. Lacan
4. Carl Rogers

Es kommt hauptsächlich eher darauf an, dass du einen guten Draht zu deinem Behandler hast und diesem vertraust, als dass er einer gewissen Schule angehört.

Bewusstheit und Akzeptanz sind wichtige Voraussetzungen für einen Wandel. Doch ohne Handeln bleiben deine Gedanken und Einsichten nutzlose Theorie.

Du wirst nie alle Informationen beisammen haben und genau wissen, wo du landest, wenn du ins Unbekannte springst. Doch dies ist notwendig, um neue, korrigierende Erfahrungen zu machen.

Mit der Zeit wirst du immer mutiger und resilienter. Allerdings nur, wenn du dich aus freien Stücken heraus dazu entscheidest, deine Angst zu überwinden.

In diesem Sinne gibt es nur ein „Nach-Denken“: du musst etwas tun und kannst erst dann darüber reflektieren.

Tue am besten jeden Tag etwas, vor dem du dich fürchtest.

Es gibt (fast) kein besseres Gefühl, als seine eigene Angst zu überwinden. Mit der Zeit wirst du immer couragierter.

Tue Dinge, die eine Herausforderung für dich darstellen und deinen gewohnten Alltag aufbrechen. Hier sind einige Trainingsideen:

1. Frage einen Fremden auf der Straße nach der Uhrzeit.
2. Sprich eine Frau/einen Mann auf der Straße an und frage nach der Handynummer.
3. Benutze die Toilette des anderen Geschlechts und verziehe keine Miene, wenn du Gesellschaft bekommst.
4. Beschwere dich beim Kellner, wenn das Essen nicht gut ist.
5. Sag einen Termin ab, wenn du keine Lust hast, hinzugehen.
6. Melde dich spontan für ein paar Tage bei deinem Arbeitgeber krank und fahr irgendwohin, wo es schön ist.
7. Schalte das Telefon für einen Tag ab.
8. Schreibe auf WhatsApp-Nachrichten nicht zurück.
9. Sag einem Freund, dass du dich über ihn geärgert hast.
10. Verhandle den Preis im Laden. Wieso solltest du den Kaffee nicht 10 % günstiger bekommen?
11. Lauf einen Tag lang als Clown verkleidet durch die Uni. (persönlich getestet und für gut befunden)

12. Gehe ohne Make-up und in alten Klamotten aus dem Haus.

„Werde dir deiner selbst bewusst and take action!“ – das ist einfach und schnell dahingesagt. Doch oft steht die Angst wie ein bulliger Türsteher vor einer angesagten Disco und lässt dich nicht hinein. Dahinter wartet das Leben, doch der Bammel ist oft groß. Zu uns selbst sind wir darüber hinaus in der Regel deutlich gemeiner und kritischer als zu anderen Menschen; unter anderem deshalb, weil wir jede unserer auch noch so kleinen Unzulänglichkeiten und Schwächen im Detail kennen, und vor dieser Gewissheit und Einsicht nicht wegrennen können. Vielleicht durch Drogen aller Art für ein paar Stunden oder Tage. Doch der Dämon kommt zurück –garantiert.

Angst kann ein wichtiges Signal unseres Körpers sein: Sie will uns vor Schaden bewahren. Doch leider lässt sie einen Mückenstich oft wie einen Löwenbiss wirken.

Mir hilft die folgende Routine, wenn Gefühle von Angst und Zweifel in mir aufsteigen:

1. Ich akzeptiere die Angst und höre, was sie mir zu sagen hat, z. B.: *Wenn du das tust, dann blamierst du dich und alle werden dich auslachen.*
2. Ich antworte den Ängsten: *So what? Dann ist es halt so.*
3. Ich beobachte, welche Gefühle und Gedanken in

mir aufsteigen, und versuche, sie nicht wegzuschieben, sondern zu akzeptieren.

Buchtipp: *Dare – The New Way to End Anxiety and Stop Panic Attacks* von Barry McDonagh (mittlerweile auch auf Deutsch verfügbar)

Verbündete & Vorbilder

Umgib dich mit Menschen, die du bewunderst und deren Eigenschaften du gerne hättest. Leute, die es sich wie du zur Aufgabe gemacht haben, ein gutes Leben zu führen und ihre Ziele zu erreichen.

Je mehr du dich mit solchen Menschen umgibst, desto couragierter wirst du über die Zeit.

Finanzielle Unabhängigkeit a. k. a. FU-Money

Keine Lust mehr auf deinen Job? – *Einfach kündigen!*

Du wohnst mit einem Tyrannen zusammen? – *Zieh einfach aus, no problem!*

So oder so ähnlich lesen sich viele Self-Help-Bücher. Allerdings sieht für 99 Prozent der Menschen die Realität doch ein wenig anders aus.

Ich selbst konnte es mir nie leisten, meinen Job von heute auf morgen zu kündigen. Ich hatte keine großen Ersparnisse und brauchte das Geld.

Dies ändert jedoch nichts an der Tatsache, dass du (finanziell) möglichst unabhängig werden solltest. „Je höher die Zahl deiner Optionen, desto größer ist deine Freiheit", sagte der Kybernetiker Heinz von Förster.

Je größer darüber hinaus die Zahl auf deinem Bankkonto ist, desto freier bist du von vielen Zwängen der Gesellschaft und des Alltags.

Du brauchst nicht unbedingt Millionen, sondern sogenanntes „FU-Money" – jenen Betrag, den du haben musst, um bspw. im Büro jederzeit aufstehen zu können und deinem Boss zu sagen: „F+++Y++!"

Je überschaubarer deine Bedürfnisse und Ansprüche im Leben sind, desto schneller kannst du – auch wenn du vergleichsweise wenig Geld hast – „FU!" sagen.

Verantwortlich für den Inhalt

i.V. Andreas Karle

Schubertweg 4

D-79787 Lauchringen

info@andreaskarle.net

Printed in Poland
by Amazon Fulfillment
Poland Sp. z o.o., Wrocław

49439197R00098

Lesen, was Spaß macht

Weichert Buch